POUR EN FINIR
AVEC LES ENNEMIS
DE LA TÉLÉVISION

Richard Martineau

POUR EN FINIR AVEC LES ENNEMIS DE LA TÉLÉVISION

Boréal

Les Éditions du Boréal sont inscrites au Programme de subvention globale du Conseil des Arts du Canada.

Conception: Gianni Caccia
Graphisme: Gérard

© Les Éditions du Boréal
Dépôt légal: 4e trimestre 1993
Bibliothèque nationale du Québec

Diffusion au Canada: Dimedia
Distribution en France: Les Éditions du Seuil

Données de catalogage avant publication (Canada)
Martineau, Richard, 1961-

Pour en finir avec les ennemis de la télévision

Comprend des réf. Bibliogr.

ISBN 2-89052-495-7

1. Télévision - Aspect social. I. Titre.

PN1992.6.M37   1993   302.23'45   C-93-097308-9

À Nathalie,
qui m'allume

et à mon père,
grand pitonneux devant l'Éternel

Même un petit livre comme celui-ci ne s'écrit pas sans aide. Merci, donc, aux gens de Boréal pour leur confiance quasi aveugle, et à Martin Siberok pour le petit livre passé à la dernière minute.

« *Ever since the triumph of television and rock music, American intellectual life has been in the doldrums. It needs to be jump-started with the energy of mass-media. Academics have to get out of the Parisian paper matchbox and back into the cultural mainstream, the American roaring rapids, with their daily excitement and bracing vulgarity...* »

CAMILLE PAGLIA, *Sex, Art and American Culture*

La marche
des aveugles

Regardez-les. Ils sont partout, dans les
universités, les colloques, les réunions de
famille, pestant, gueulant contre la télé à
coups de lieux communs et de vieux préjugés, croyant dur comme fer à leurs
poncifs, s'accrochant piteusement à leurs
vieilles rengaines, défonçant des portes
ouvertes un dictionnaire sous le bras,
frileux, craintifs, faux culs. Certains poussent même l'audace jusqu'à répéter leur
litanie au petit écran, le nez luisant sous
les projecteurs et l'ego toutes voiles
dehors. À les entendre, la télé serait
responsable de tous les maux : pauvreté du
vocabulaire, indigence intellectuelle,
divorce, violence. Jusqu'à notre sacro-
sainte démocratie qui serait victime de la
peste cathodique.

Écoutez-les parler, discourir, décla-
mer. Car ils parlent, bon Dieu oui, et

lentement, en détachant chaque syllabe, comme si le fait d'égrener le temps donnait plus de poids à leur propos, comme si la vitesse tuait la pensée, comme si nous n'avions pas compris d'où ils viennent et où ils veulent aller. Ils n'ont pas terminé leur phrase que nous sommes déjà ailleurs, là-bas, quatre paragraphes plus loin, deux conclusions plus bas, habitués que nous sommes à changer de chaîne, à changer d'image, à sauter les descriptions inutiles pour plonger au cœur du sujet, en son sein, dans le vif. Ils perdent leur temps à faire le tour pendant que nous les attendons là-bas, de l'autre côté.

Car c'est bien de vitesse qu'il s'agit. Tout, pour eux, va trop vite : la musique, les amours, les révolutions. Ils voudraient que la vie dandine, les mains dans les poches, comme Monsieur Hulot dans son faubourg. Ils rêvent de déjeuners sur l'herbe et de promenades dominicales, d'arrêts sur l'image et de gommes à effacer. Ils voudraient que la vie ressemble à un examen de français : trois heures trente dans une salle muette, le temps d'écrire quatre brouillons et une copie finale. Et quand, le lundi matin, au musée, ils s'immobilisent devant une toile de Renoir, ils ne voient que douceur et volupté, aveugles qu'ils sont devant les jets de couleurs, la lumière tremblante et les gestes nerveux qui ont toujours caractérisé les toiles des Impressionnistes.

« La télé rend ignorant », disent-ils. Mais qu'en est-il de leur propre ignorance ? Qui se vanterait de n'avoir jamais ouvert un livre, de n'avoir jamais mis les pieds dans une salle de cinéma, de n'être jamais allé au théâtre ? C'est pourtant ce que font plusieurs d'entre eux, qui brandissent leur haine de la télé comme une preuve de séronégativité mentale. « Je ne regarde jamais le petit écran, disent-ils. Je ne possède même pas de téléviseur... » Bravo, félicitations ! Et que faites-vous lorsque l'hiver se pointe, sieur ? Vous vous chauffez au bois et lisez à la chandelle ?

S'il n'en tenait qu'à eux, nous écririons encore à la plume. Ils vouent d'ailleurs un véritable culte aux crayons, seuls instrument, selon eux, capables de nous faire vraiment réfléchir. Ils en possèdent des dizaines, qu'ils laissent traîner ici et là en gage de leur intelligence : des au plomb, des au feutre, des fontaines, qu'ils trempent dans de jolies fioles d'encre importées spécialement d'Espagne et qu'ils ne laissent couler que sur du papier grand luxe, triple épaisseur. Ils tiennent le mot en adoration ; pour eux, un mot vaut cent, mille images, il traverse le temps et marque son époque, alors que la lumière vacille et disparaît.

Observez-les dans les collèges et sur les places publiques. Leurs sermons sont empreints d'une telle ferveur apocalyptique qu'on a l'impression d'entendre des pasteurs sudistes. Selon eux, la fin de la civilisation a commencé le jour où la télé a diffusé ses premières images. Depuis, nous glissons inexorablement vers la barbarie. « La télé tue la famille, affaiblit l'amour, corrompt les hommes, clament-ils du haut de leur chaire. Elle pousse les adultes au crime et abrutit nos enfants... »

En janvier 1990, The Media Foundation, un organisme canadien à but non lucratif, a produit quatre messages d'intérêt public, destinés aux résidents de Vancouver, Toronto, Boston, New York et Los Angeles. Que disaient ces messages ? « L'accoutumance à la télévision est le premier problème de santé mentale en Amérique du Nord. » Pas le troisième ni le second : le premier ! Avant l'alcoolisme, la toxicomanie, la pédophilie et la schizophrénie... Et où ces publicités furent-elles diffusées ? À la télé, bien sûr, afin de rejoindre le plus de gens possible.

Ce mariage de raison est paradoxal, mais non surprenant. Le discours anti-télé est aussi vieux que la télé elle-même. On pourrait même dire que l'un ne va pas sans l'autre. Dès sa naissance, en avril 1939, la petite boîte de Phil Farnsworth s'est attiré insultes et injures. Les amis de l'imprimé et autres grands défenseurs de la culture crièrent tout de suite à la décadence. Cette boîte de Pandore, prophétisaient-ils, allait détruire la société occidentale, tuer le monde de l'édition, vider les bibliothèques publiques et semer l'ignorance partout où elle fera son apparition. C'était la huitième plaie d'Égypte, l'ultime cadeau du Diable, un cheval de Troie placé au cœur même de notre conscience et qui n'attendait qu'un moment de faiblesse de notre part pour nous bombarder de ses ondes meurtrières.

Or, où en sommes-nous, aujourd'hui ? Que reste-t-il de l'héritage de Gutenberg, si prisé par nos clercs ?

En 1987, il se publiait 1 674 quotidiens aux États-Unis (soit cinq fois plus qu'en France, proportionnellement) et la vente de livres a augmenté de 40 p. 100 entre 1975 et 1987. Le Japon, État cathodique par excellence, est le pays qui lit le plus de quotidiens au monde, avec 569 exemplaires achetés par 1 000 habitants. Et il se vend de plus en plus de livres en France (16 200 nouveaux titres publiés en 1985, pour un total de 270 000 titres disponibles).

Où est donc la catastrophe annoncée ?

Tels de petits vieux grelottant contre le poêle à bois, les ennemis de la télé radotent, ruminent, rabâchent. Leur babil frileux fait partie intégrante de notre paysage culturel, comme l'aversion des intellectuels pour la culture de masse ou la haine instinctive des nationaleux pour la langue de Kim Campbell. C'est un bruit de fond dont on ne peut se débarrasser, un grésillement continuel qu'on ne remarque même plus. À la limite, on pourrait même dire qu'il est sécurisant. Comme le bruit d'un moteur ou le ronron d'un chauffe-eau, le discours anti-télé nous prouve que tout va bien, que rien n'a changé sous le soleil, que les amis de la culture avec un grand C sont toujours bel et bien vivants, la tête enfouie dans leurs vieux souvenirs et le pacemaker sur la main. Nous pouvons vaquer à nos occupations en toute quiétude : pépé et mémé veillent au grain.

Car ils veillent, messieurs dames. Écrasés sur leur berceuse, ils guettent la moindre nouveauté avez zèle, prêts à tirer dans le tas au premier signe de progrès. Ils ont crié lorsque la première ampoule électrique s'est allumée, pleuré lorsqu'ils ont vu leur première auto, gueulé quand les frères Lumière ont présenté leur premier film. Debout devant leur guérite, ils ne ratent rien et ne laissent rien passer. Ce sont des soldats, que dis-je ! des sentinelles de choc. Vous pouvez rire et danser, ils ne bougeront pas d'un poil. Ils vous regarderont avec des yeux de plomb et n'esquisseront pas le moindre sourire. Et pourquoi en serait-il autrement ? Ce sont les gardiens de la tradition, les veilleurs de nuit de l'Occident, les protecteurs du savoir. Il suffirait que l'un d'eux s'abonne au câble pour que notre patrimoine, soudainement, s'écroule.

Il fallait les voir, le jour où la télé a fait son apparition à la Foire de New York !

Leurs muscles se sont durcis, leur regard s'est intensifié. Le doigt bien tendu sur la gâchette, ils ont relevé le dos et resserré la mâchoire. Le petit Indien de Radio-Canada n'avait pas encore montré le bout de sa plume que les intellectuels québécois avaient déjà lancé leurs premières salves.

Depuis, ils ont redoublé d'attention. Non seulement les ennemis du petit écran ont-ils gagné en nombre (grâce, entre autres, à la télé elle-même, qui véhicule généreusement leurs messages), mais ils gagnent aussi en force. Ils sont partout, à la ville comme à la campagne, sur le plateau du *Point* comme au CRTC.

Comme les ondes hertziennes, leur discours ne connaît pas de frontières ; il parle toutes les langues et se fait entendre autant au Sud qu'au Nord.

En France, Jacques Piveteau, dans *L'Extase de la télévision*, écrit que la télé « diminue les relations conviviales », « endort les esprits », « nous gave d'idées inutiles » et « nous empêche de réfléchir [1] ».

Aux États-Unis, le Dr Kendric C. Smith, professeur de radiologie à l'université de Standford, clame à qui veut l'entendre que la lumière des tubes cathodiques peut affecter la croissance des testicules[2].

Et au Québec, Jean Larose, dans *La Petite noirceur*, affirme que « regarder la télévision c'est se rendre sourd et aveugle [3] ».

Comme nous l'a appris l'anthropologue René Girard[4], toute société a besoin d'immoler un bouc émissaire afin d'exprimer son agressivité et de retrouver ainsi sa pureté originelle. Il semble bien qu'aujourd'hui notre bouc émissaire soit la télévision. On la rend responsable de tous les maux, de tous les crimes, de tous les désordres qui affligent notre société. Il ne se passe pas une journée sans qu'on la frappe d'anathème. Elle est notre coupable préférée, notre tête de turc favorite, notre ennemie publique numéro un. Nous lui faisons porter toutes nos fautes, tous nos péchés. Et la condamnons au bûcher sans même prendre la peine d'entendre sa défense.

Or voilà, ce rituel commence à sentir mauvais. Ce qui n'était qu'un passe-temps pour intellectuels en mal de cause est en train de se transformer en véritable religion, et les fidèles de la lutte anti-télévisuelle ressemblent de plus en plus à des fanatiques aveugles et hypocrites. « La pensée religieuse a tendance à laisser tomber des pans entiers de matière signifiante et à ne plus voir qu'une seule facette de l'objet aux miroitements infinis qu'elle trouve devant elle », écrit encore le très catholique René Girard. C'est ce qui arrive aux dénigreurs de la culture de masse : ils dépensent tellement de temps et d'énergie à poursuivre le démon cathodique qu'ils ne voient plus l'évidence — à savoir que la télé est un fabuleux instrument d'apprentissage, une arme contre l'étroitesse d'esprit, une fenêtre sur le monde.

Et un formidable stimulateur d'imaginaire.

Technophobie

« L'homme naît bon ;
la télé le corrompt. »

PROVERBE BUCOLIQUE

En janvier 1993, dans le cadre de l'émission *Larry King Live*, un citoyen américain affirma avoir contracté le cancer en se servant de son téléphone portatif. Il n'en fallait pas plus pour exciter les ennemis de la technologie. Pressés d'en finir avec cette invention du diable, et ne reculant devant aucun effort pour sauver l'humanité, ils traînèrent en cour un fabricant de téléphones cellulaires, exercèrent des pressions auprès du gouvernement pour le forcer à interdire ces appareils, demandèrent aux diverses entreprises engagées dans la fabrication de téléphones portatifs d'étudier la nocivité potentielle de leur produit, etc. Acculée au mur, l'industrie réagit. Aux États-Unis, le président de la

Cellular Telecommunications Industry Association déclara que son organisme allait consacrer de 20 à 30 millions de dollars à la poursuite de telles études ; et au Canada, les sociétés Mobility Canada et Cantel annoncèrent qu'elles allaient consacrer 75 000 dollars chacune au financement de tests sur les téléphones cellulaires.

Or, aujourd'hui, aucune recherche ne permet d'établir un lien entre le cancer et l'exposition aux fréquences cellulaires. Et la vente des téléphones cellulaires continue d'aller bon train, tant et tellement que certains clubs de golf interdisent maintenant leur utilisation sur le parcours, afin de ne pas créer un embouteillage entre deux trous.

Ce n'est pas la première fois que l'apparition sur le marché d'un appareil de technique de pointe se frappe à un mur d'hostilité. Déjà, à la fin du siècle dernier, John Philip Sousa, compositeur et chef de fanfare, multiplia les prises de position contre la commercialisation du phonographe. « Avec le phonographe, les exercices vocaux vont passer de mode, s'indigna-t-il. Et la gorge de la nation ? Ne s'affaiblira-t-elle pas ? Qu'adviendra-t-il du souffle de la nation ? Ne va-t-il pas s'amenuiser ? » Plus tard, ce fut au tour de la radio de s'attirer les foudres des bien-pensants. Puis du cinéma. Et des fours à micro-ondes....

C'est immanquable : chaque fois qu'une invention fait son apparition sur le marché, il y a toujours des nostalgiques pour crier au loup et dire que c'était mieux « dans le temps ». Les amis du papyrus ont gueulé lorsque Gutenberg a présenté ses premières presses manuelles ; les disciples de Gutenberg, lorsque les presses électriques ont fait leur apparition ; les typographes, lorsque les journalistes et les écrivains ont commencé à découvrir l'informatique ; et ainsi de suite. Il est à noter que le mouvement de contestation évolue toujours de la même façon. Au début, les ennemis du progrès dénoncent les effets néfastes que peut avoir l'appareil sur la santé de ses utilisateurs ; puis, ne réussissant pas à mettre les médecins de leur bord, ils déplacent leur lutte sur le terrain du bien-être social et collectif.

De toutes les innovations technologiques qui ont dû subir la foudre des nostalgiques de l'Âge de fer et de la charrette à boeufs, aucune invention n'a été autant calomniée que la télévision. C'est bien simple, on la rend coupable de tous les crimes, même biologiques. Dans *Class-room Combat : Teaching and Television*, le professeur Maurine Doerken s'interroge sur les effets que pourraient avoir les rayons cathodiques sur les stades de développement de l'intelligence tels que décrits par Piaget. Les sourcils froncés et les mains jointes, l'auteur pose des questions « capitales » :

Comment les circonvolutions du cerveau pourraient-elles être altérées par une exposition prématurée et excessive au petit écran ? Comment les mouvements oculaires ont-ils changé ? Comment les hémisphères du cerveau sont-ils impressionnés ? Comment les fonctions cognitives sont-elles affectées[1] ?

Ces interrogations pseudo-scientifiques pourraient nous arracher un sourire si elles avaient été formulées dans les années 40 ou 50. Mais voilà, cette étude a été publiée en 1983 !

La paranoïa de Doerken est bénigne ; certains « penseurs » poussent leur délire beaucoup plus loin. La palme du mauvais goût et de l'humour involontaire revient sans aucun doute à Jerry Mander. Son opus magnum, *Four Arguments for the Elimination of Television* (un livre cité par la plupart des penseurs anti-télé), est un véritable petit bijou de paranoïa aiguë.

L'auteur, qui a travaillé une quinzaine d'années dans le milieu de la publicité (ce qui explique peut-être sa profonde aversion pour le médium), affirme que la télé est tout simplement irrécupérable. « On ne peut pas changer la télévision, déclare-t-il. Parler de la réforme de la télévision est aussi stupide et aussi absurde que de parler de la réforme des armes à feu. Il n'y a qu'une seule façon de régler le problème de la télé, c'est de l'éliminer complètement, et une bonne fois pour toutes, du paysage médiatique. »

Dans son ouvrage de 371 pages, Mander multiplie les chefs d'accusation. Selon lui, la télé :

- crée une dépendance, lave le cerveau et entrave le processus cognitif ;
- engourdit les sens des spectateurs, déforme leur perception de l'espace-temps et les rend confus ;
- encourage la passivité des masses et amène les gens à accepter l'autorité ;
- menace la démocratie ;
- contribue à l'hyperactivité ;
- transforme les citoyens en objets ;
- limite et confine la connaissance humaine ;
- accélère la destruction de la nature.

Un chausson aux pommes, avec ça ?

« La télévision est un cancer social », conclut avec superbe Mander (qui, j'en suis convaincu, n'a pas refusé de faire le tour des talk-shows pour mousser les ventes de son essai). « Aucun réalisateur ni aucun scénariste ne peut compenser ses limites techniques. Rien ni personne ne peut changer la télévision. Mais nous pouvons l'éliminer. Une fois débarrassés de la télé, les êtres humains découvriront une réalité qu'ils ne soupçonnaient même pas. La nature du processus politique changera [...], le contenu remplacera le contenant, le pouvoir économique et politique se décentralisera, et la société accouchera de structures communautaires et non capitalistes. »

Bref, « les gens seront plus heureux », et un nouveau jour se lèvera sur un monde paradisiaque.

Rigolo ? Attendez, vous n'avez rien lu. Dans le même ouvrage, Mander pousse son raisonnement encore plus loin et affirme que la télé cause des mutations biologiques !

« Les rayons X émanant de nos téléviseurs causent le cancer, affirme-t-il le plus sérieusement du monde. Le Dr John Ott, un ancien banquier qui a fondé l'Institut de recherche sur la lumière et la santé environnementale de Sarasota, en Floride, a effectué une expérience célèbre. Il a placé plusieurs plantes près d'un téléviseur couleurs. Après quelque temps, il s'est aperçu que les racines des plantes exposées aux rayons cathodiques de l'appareil poussaient à l'envers ; elles ne s'enfonçaient pas dans le sol, elles sortaient du sol ! D'autres sont devenues monstrueusement grosses et difformes. Il a répété l'expérience avec des souris, qui ont développé des lésions cancéreuses. »

La vision est cauchemardesque. C'est à se demander comment nous avons pu regarder la télé aussi longtemps sans nous transformer en monstres. On imagine des légions de mutants stériles, le cerveau réduit à l'état de sauce blanche et les membres recouverts de pustules, qui sortent de leur salon, la nuit, pour hanter les supermarchés du Texas. À l'aide !

Certes, Mander est un extrémiste.

Comme les ultramarxistes qui l'ont visiblement inspiré, cet intellectuel pur et dur veut transformer la société occidentale et « changer l'Homme dans ce qu'il a de plus profond ». Si folichonnes qu'elles puissent paraître, ses thèses doivent être prises au sérieux. D'abord parce qu'elles continuent (croyez-le ou non) d'être citées par de nombreux intellectuels qui se vantent d'être des « autorités en matière de télécommunication ». Mais surtout parce que, en poussant les arguments anti-télé à leurs plus extrêmes limites, elles nous permettent d'identifier l'idée principale qui sous-tend le discours de plusieurs téléphobes, à savoir la haine de la technologie.

En effet, pour la plupart des intellectuels humanistes, qui dit technologie dit télé, et qui dit télé dit technologie ; les deux sont liées. Ceux qui détestent l'une détestent généralement l'autre. Il suffit de parcourir les nombreux essais et articles qui prennent position contre la télévision pour se rendre compte à quel point la haine de la technologie et la haine du petit écran vont souvent de pair. Les deux discours se nourrissent, s'alimentent. Ils sont les deux faces d'une même médaille, les deux visages d'une même paranoïa.

Neil Postman, professeur d'art à l'Université de New York, est sans aucun doute le téléphobe le plus connu du monde. Son essai, *Amusing Ourselves to Death*, est la bible des ennemis du petit écran. Or, qu'a écrit Neil Postman, outre ce pamphlet ? *Technopoly : The Surrender of Culture to Technology*, qui critique l'emprise de la technologie sur le monde des arts ; et *Conscientious Objections : Stirring Up Trouble about Langage, Technology and Education*, un collage de plusieurs textes qui dénonce le mariage « néfaste » et « antinaturel » de l'informatique et de l'éducation. De toute la pensée de Postman transpire une profonde aversion pour la technologie.

Nous parlions plus haut de Jerry Mander. Or, qui a le plus encensé son fameux pamphlet, *Four Arguments for the Elimination of Television* ? Nul autre qu'Ernest Callenbach, auteur du délirant *Ecotopia* et figure de proue de l'écologisme radical. Et quel est le dernier bouquin de Mander ? *In the Absence of the Sacred : The Failure of Technology and the Survival of the Indian Nations*, un ouvrage traitant des dangers de la technologie et des bienfaits des modes de vie ancestraux.

Montrez-moi un ennemi de la télé et je vous montrerai un homme qui tremble à la vue d'un réveille-matin électronique...

Il faut dire que le téléviseur est une cible parfaite pour les ennemis de la culture high-tech : il fonctionne grâce à l'énergie électrique (barrages, fils, destruction de la nature) ; il diffuse une étrange lumière bleue (radioactivité, neutrons, rayons X) ; il reçoit des images transmises par satellite (fusée, conquête de l'espace) ;

il fonctionne vingt-quatre heures sur vingt-quatre (refus de suivre le cycle du soleil) ; il est présent dans presque tous les foyers (lavage de cerveaux, propagande) ; il se nourrit à même les revenus publicitaires (capitalisme effréné, culte de l'objet) ; il traverse les frontières (impérialisme culturel, colonialisme idéologique) ; il privilégie un langage rapide (mouvement, vitesse, performance) ; il s'adresse à un large public (écrasement de l'individu, production de type industriel) ; et il empiète sur le terrain de la littérature (mépris de l'intelligence et profanation du sacré). Que demander de mieux ? La télé est une invention mythique, supra-mythique, qui porte en son sein toutes les tares, tous les péchés de la société post-industrielle. Les intellectuels go-gauches ne pouvaient rêver d'un meilleur ennemi. Critiquer la télé, ce n'est pas simplement s'en prendre au monde des communications et au culte du divertissement ; c'est attaquer les fondements mêmes de la société technologique et dénoncer le viol systématique de la nature auquel se livrent les scientifiques, les entrepreneurs sans scrupule et tous les autres vampires du capitalisme.

« Les athées sont les plus grands croyants car ils voient l'absence de Dieu partout », disait Luis Buñuel. C'est ce qui est en train d'arriver avec les ennemis de la technologie et du petit écran. Ils sont tellement obsédés par l'objet de leur mépris qu'ils l'élèvent au rang de divinité. Leur haine prend des airs de culte. D'un côté, il y a les scientifiques crédules qui croient que la technologie est la réponse à tout ; et de l'autre, les intellectuels granola qui affirment qu'elle est la source de tous les maux. Deux tribus, un seul Dieu.

Certains fidèles de l'Église anti-technologique détestent tellement la télé qu'ils ont fini par la voir partout, dans leur soupe, sous leur lit. Vous voulez des exemples de manifestations de foi aveugle ?

- « La télévision donne le goût des friandises aux enfants » (*USA Today*, septembre 1984).
- « La télé contribue au développement de l'alcoolisme et incite à la consommation de drogue, de tabac et à l'obscénité » (*US News & World Report*, février 1985).
- « Pourquoi la télévision fait-elle grossir ? » (*Washington Post*, juillet 1985).
- « Parce qu'ils regardent trop de télévision, les enfants américains sont moins musclés que les Soviétiques » (*Los Angeles Times*, juillet 1987).
- « Les enfants de l'époque de la télé manquent de discipline intérieure » (*Der Spiegel*, avril 1988).

Et ainsi de suite[2]...

Aucun problème sociologique qui ne soit dû à la télé. Elle est omnipotente, omniprésente. Tout juste si elle ne peut pas causer des tempêtes, des déluges, des tremblements de terre...

On dirait le Nouveau Testament. À gauche, un Dieu (la nature) qui est fondamentalement bon et généreux; à droite, un Diable (la technologie, représentée par la télé) qui est essentiellement mauvais et destructeur. Et entre les deux, l'intellectuel qui tente de sauver l'humanité. Plus mystique que ça, tu meurs...

« La télévision écorche au vif le ressort délicat qui fait vibrer le petit quartz humain », écrit Michel Lemieux en conclusion de *L'Affreuse Télévision* (sorte de guide officiel des ennemis du petit écran au Québec)[3]. C'est lui donner beaucoup de crédit. La télé ne sauvera ni ne perdra le monde. C'est juste une superbe invention, c'est tout. Vous l'utilisez bien, et elle élargira votre vision du monde. Vous l'utilisez mal, et elle vous donnera la migraine.

Ni ange ni bête, ni Dieu ni maître.

Le tribunal de la Haute Culture

> « Une télévision qui tendrait
> à un monopole du regard conduirait
> la vie culturelle, l'homme, la
> civilisation, dans une impasse. »
>
> Jean Capin, *L'Effet télévision*

Dans *Les Aventures de la liberté*, le philosophe Bernard-Henri Lévy nous raconte la petite et la grande histoire des intellectuels français. Dans un des passages les plus intéressants de son ouvrage, l'auteur de *L'Idéologie française* nous parle des célèbres procès qu'instruisirent, dans les années 30, les leaders surréalistes, afin de « purifier » leur mouvement et de remettre au pas leurs compagnons de route égarés.

Selon Lévy, les chefs d'accusation proférés par André Breton et ses amis surréalistes sont de quatre types :

- Les fautes dogmatiques (avoir le culot d'écrire un roman plutôt qu'un poème surréaliste, ou avouer publiquement son amour de la patrie).
- Les délits de lecture (lire les œuvres d'un auteur défendu par les leaders du mouvement, tel Molière, Montaigne ou Prévert).
- Les crimes de profession (exercer une activité incompatible avec la doctrine surréaliste, comme travailler pour un journal ou fréquenter des metteurs en scène).
- Les erreurs de style.

Étaient accusés d'avoir commis une grave erreur de style ceux qui, comme Pierre Naville, aimaient la musique ; ou qui, comme Jean Bernier, pratiquaient une activité sportive — bref, tous ceux qui ne s'habillaient pas, ne se coiffaient pas et ne parlaient pas comme des surréalistes, et avouaient un faible pour les activités culturelles « vulgaires ». Pour ces scélérats, aucune indulgence : ils étaient automatiquement et irrémédiablement excommuniés du mouvement. « Hors d'ici, et qu'on ne vous revoie plus ! »

Pour Lévy, cette exigence, cette intensité idéologique, cette volonté de pureté tant appréciée des surréalistes est purement et simplement totalitaire. Elle écrase l'individu, fait fi de tout un pan de la production culturelle et nie la complexité des êtres. Et le philosophe de conclure, en forme de défi : « Je dirais que les seules vies d'écrivains qui vaillent, les seules qui me paraissent réussies et enviables sont les vies riches, multiples, les vies un peu absurdes, chaotiques, contradictoires. »

Loin de moi l'idée de tracer un parallèle entre les ennemis du petit écran et les leaders du mouvement surréaliste : la charge serait excessive et le rapprochement, beaucoup trop flatteur (après tout, il y a un monde entre André Breton et Michel Lemieux). Mais je ne peux m'empêcher d'y voir un lien. Certains des arguments mis de l'avant par les défenseurs de la Grande Culture, lorsqu'ils tirent à boulets rouges sur le petit écran, m'apparaissent aussi stupides, aussi étroits et aussi étriqués que les accusations hystériques d'Aragon.

Je pense entre autres à leur idée de programmation idéale. À entendre certains intellectuels, la télévision ne devrait présenter que des « produits culturels de haute qualité ». Radio-Canada, Radio-Québec et Télé-Métropole ne devraient diffuser que des opéras, des téléthéâtres et de grands reportages d'enquête. Et si, par malheur, un télédiffuseur était dans l'obligation de produire un quiz pour plaire aux commanditaires et répondre à la demande du public, celui-ci serait é-du-ca-tif et devrait porter sur des sujets aussi excitants et aussi passionnants que l'histoire de la civilisation celte, ou que la vie des députés néo-démocrates de l'Ouest canadien.

L'animateur étoufferait derrière son nœud papillon beige, le concurrent fumerait la pipe entre deux pubs d'Absorbine junior, et tout ce beau monde taperait des mains au son de *Parsifal*. Bonjour la folie.

Les ennemis de la télé reviennent toujours à cette idée dada : il n'y a pas assez d'émissions é-du-ca-ti-ves, la télé est bête, infantile, abrutissante, impropre à la consommation et indigne des citoyens cultivés. Parcourez les textes qui, dans les publications « sérieuses », traitent de télévision, vous verrez : seule la programmation de TV5 excite les intellectuels. Et encore, pas toute : pas *Des Chiffres et des Lettres*, ni *Sacrée Soirée*, et encore moins *Le Théâtre de Bouvard*. Seules *Bouillon de culture*, *Caractères* et quelques autres émissions littéraires réussissent à passer l'examen. Les autres peuvent tout simplement aller se rhabiller.

C'est comme s'il n'y avait qu'une seule culture valable, qu'une seule façon de faire de la télé. Plus une émission flirte avec la littérature et plus son rythme est lent, plus elle a de chances de faire flipper les docteurs ès médias. Combien de fois ont-ils soupiré en rêvant à « la belle époque du *Sel de la semaine*, quand les réalisateurs se contentaient d'une table carrée et d'une carafe d'eau » ? Combien de fois ont-ils ridiculisé les « vulgaires émissions de divertissement qui, malheureusement, envahissent nos ondes » ? Comme les surréalistes et les curés, ces grands prêtres de la Kulture rêvent d'un monde parfait, cohérent, uniforme, un monde sans faille ni fêlure qui s'habillerait, se coifferait et se nourrirait au son de Berlioz et de Tchaïkovski. La diversité des goûts les énerve, le pluralisme les irrite. Ils veulent une télé « pensante », une télé « exigeante », qui obéit à des règles strictes et qui ne quitte jamais sa chapelle. Ils rêvent du jour où ils pourront imposer leurs goûts à l'ensemble de la population (qu'ils appellent affectueusement « la masse ») et croient dur comme fer que la qualité des émissions diffusées sur nos ondes est inversement proportionnelle à leurs cotes d'écoute. Et si jamais ils apprennent que oui, il vous arrive de regarder *Scoop* ou Musique Plus (mais seulement les soirs d'orage, lorsqu'il n'y a rien d'autre à faire, je vous le jure), ils vous toisent de haut et vous condamnent illico — comme ils ont condamné Bernard-Henri Lévy pour avoir trop aimé les médias et être apparu un peu trop souvent dans des émissions de variétés.

Si au moins ces prêtres se disaient ouvertement élitistes, s'ils avaient le culot et le courage d'avouer une fois pour toutes leur mépris de ce qui est populaire, on pourrait peut-être leur pardonner leur snobisme austère. Mais non, ils jouent les démocrates et se disent garants de la volonté du peuple. À preuve, une fameuse étude sur la production documentaire indépendante de langue française au Québec, commandée par l'Institut québécois du cinéma et rendue publique en novembre 1988. On peut y lire :

> Une grande variété de sondages d'opinion réalisés au milieu des années 1980 démontrent que lorsque le public canadien est interrogé à savoir ce qu'il *souhaiterait voir* ou *souhaiterait voir davantage* à la télévision, les émissions documentaires se classent aux premiers rangs des priorités[1].

Ou encore, cet extrait de *La population face aux médias*, un ouvrage rédigé par Lina Trudel, responsable du dossier des communications à l'Institut canadien d'éducation des adultes :

> Les radiodiffuseurs traditionnels n'ont pas contribué de façon raisonnable à l'enrichissement culturel et à l'accroissement des connaissances. Ils n'ont pas cherché à développer les goûts du public, puisqu'ils ont offert une programmation éducative et culturelle inférieure à la demande du public[2].

On nous la sort chaque fois : « le public a dit », « le public exige », « les producteurs de télé ne répondent pas aux demandes du public ». Mais si les téléspectateurs aiment tant les concerts classiques ou les documentaires, pourquoi diantre ne les regardent-ils pas lorsque la télé en diffuse ? Pourquoi se ruent-ils en masse sur les téléromans, les séries policières, les émissions humoristiques ? La réponse est simple : parce que la majorité des téléspectateurs préfèrent (à tort ou à raison, là n'est pas la question) ce genre d'émissions aux productions plus « élitistes ».

C'est mathématique.

Oh, bien sûr, quand on leur demande ce qu'ils aimeraient regarder, les téléspectateurs moyens ne perdent pas une minute et répondent : « La messe de cinq heures, des reportages serbo-croates et des entretiens intelligents sur l'avenir de la littérature sénégalaise. » Et pourquoi pas ? Nous aimons tous faire bonne impression auprès des sondeurs. Mais ce ne sont que des vœux pieux. Une fois la conversation téléphonique terminée ou l'enveloppe du BBM postée, nous retournons à nos émissions préférées : les quiz, les sitcoms et le téléjournal.

D'ailleurs, ne craignez rien : si les gens trippaient vraiment sur les documentaires, les télédiffuseurs en présenteraient davantage. Après tout, la télé ne s'intéresse qu'à une chose : les cotes d'écoute. Allez voir un diffuseur et prouvez-lui, chiffres à l'appui, qu'une émission marxiste-léniniste attirerait un public assez large pour lui assurer un profit, et il ressuscitera Lénine pour lui offrir un talk-show.

La télévision est comme ça : elle n'a ni morale, ni idéologie, ni message à véhiculer. La seule chose qui l'intéresse, ce sont les cotes d'écoute. Si les gens adoraient les émissions de kangourou, si les cotes d'écoute triplaient chaque fois que Skippy fait un bond, nous serions envahis par les téléséries australiennes. Mais ce n'est pas le cas, et nous devons nous contenter des flamants roses de Jean-Pierre Coallier.

Cette loi fondamentale de la télé, Patty Chayefvski l'a comprise. Dans *Network*, le film qu'il a écrit pour Sydney Lumet en 1976, ce scénariste célèbre et respecté (qui a écrit quelques-unes des plus belles émissions de l'âge d'or de la télé américaine) nous raconte l'ascension — puis la chute — d'un lecteur de nouvelles. L'une des séquences les plus brillantes et les plus corrosives du film se déroule dans un taudis miteux de Harlem. Des producteurs richissimes et des terroristes d'extrême-gauche s'y sont donné rendez-vous afin d'élaborer le projet d'une série hebdomadaire : *The Mao Tse-Tung Hour*. Une fois par semaine, des marxistes radicaux effectueront des vols, des assassinats politiques et des prises d'otages. Ils filmeront leurs opérations à l'aide d'une petite caméra, et enverront leurs images aux producteurs qui les diffuseront aux heures de grande écoute. Tout le monde est content : les marxistes qui profiteront de cette émission pour véhiculer leurs messages, les producteurs qui s'en mettront plein les poches, et les télédiffuseurs qui augmenteront leurs cotes d'écoute.

Morale de l'histoire : aucune. La télé n'est pas un médium moral, elle n'a ni dessein caché, ni ambition politique. Tout ce qu'elle veut, c'est plaire au public, suivre ses goûts, répondre à ses besoins. Ce sont les téléspectateurs qui ont le gros bout du bâton ; la télé ne fait que livrer la marchandise.

Pourquoi pensez-vous que les dirigeants de Radio-Canada ont permis à Gaétan Montreuil de lire le communiqué du FLQ sur les ondes ? Parce qu'ils voulaient précipiter la chute du gouvernement Trudeau ? Parce qu'ils adhéraient aux principes de la lutte des classes ? Parce la station du boulevard Dorchester était un repaire d'intellectuels indépendantistes ? Non : Parce qu'ils avaient en main un document important, et qu'ils savaient que ce scoop allait consolider la crédibilité de leur service d'information. De même, pourquoi les cadres de Radio-Canada ont-ils diffusé la télésérie *Scoop*, qui n'y allait pas de main morte dans sa critique du journalisme ? Parce qu'ils voulaient « éclairer » la population ? Non : parce que cette série allait faire monter les cotes d'écoute, point. C'est la loi de l'offre et de la demande. Le jour où l'ensemble des téléspectateurs demandera plus de documentaires, Radio-Canada et Télé-Métropole en diffuseront davantage — même si les téléspectateurs, dans le confort de leur foyer et sous le couvert de l'anonymat, changent d'ici là leur fusil d'épaule et se mettent à dire aux sondeurs qu'ils voudraient voir des reprises des *Démons du midi*...

Les défenseurs de la Grande Culture se disent démocrates ; mais en fait, ils détestent la démocratie. Ils voudraient imposer leur goût, leur façon de voir les choses. Le pouvoir formidablement démocratique de la télé les effraie, ils aimeraient la réglementer, l'encarcaner, la « diriger ». Ils voudraient qu'elle soit faite à leur image, qu'elle colle à leur vision du monde. Le concept d'une communion populaire les dégoûte, l'idée que des milliers d'yeux se nourrissent d'images qu'ils n'ont pas choisies leur donne le vertige. Ils aimeraient « éduquer » le peuple, lui montrer la voie, le délivrer de l'emprise infernale de la publicité, l'élever vers les hautes sphères de la culture, là où il fait bon vivre, respirer, réfléchir.

Bref, ils voudraient siéger à un tribunal imaginaire, du haut duquel ils pourraient, tel Aragon ou Breton, couper la culture en deux, séparer le bon grain de l'ivraie, et décider de ce qui se fait et de ce qui ne se fait pas. De ce qui se produit et de ce qui ne se produit pas. De ce qui se diffuse et de ce qui ne se diffuse pas.

Or, voilà, nous ne sommes plus en 1930. Aujourd'hui, les cultures se mélangent, les genres s'entremêlent, et bien malins sont ceux qui, dans ce méli-mélo enchevêtré de signes et de sons, peuvent distinguer les arts majeurs des arts mineurs. Comme l'affirme Guy Scarpetta dans *L'Impureté* : il n'y a plus différentes sortes de culture, il n'y en a qu'une. Une culture hétérogène, hybride, bâtarde, qui n'exclut ni l'humour, ni le kitsch, ni le mauvais goût. Dire qu'il y a des arts majeurs et des arts mineurs, c'est comme dire qu'il y a de grands et de petits peuples ; c'est faire preuve d'ethnocentrisme culturel, de culturocentrisme. La chanson est-elle un genre majeur ou un genre mineur ? « Majeur », répondront les fans de Léo Ferré. « Mineur », diront les ennemis d'Yves Duteil. Il n'y a plus de réponse absolue ; tout dépend de l'endroit où on se place. Plus rien n'est vrai en soi.

Idem pour la télé. La télé n'est pas idiote en soi ; elle est représentative de l'état général de notre culture. Elle est capable du pire comme du meilleur. Elle plaît à tous les publics, répond à tous les goûts, sourit à tous ceux qui daignent lui adresser un regard. Vous ne vous y intéressez pas ? Elle vous ignorera. Vous lui jetez un coup d'œil de biais ? Elle vous dira quelques mots. Il n'en tient qu'à vous. La télé n'a pas de « vraie nature ». Comme les peintures de Warhol, elle peut être majeure et mineure, naïve et savante, ludique et conceptuelle. Actrice et spectatrice, elle est à la fois divertissement et réflexion sur le divertissement, manifestation culturelle et réflexion sur la culture. C'est une fenêtre qui ouvre sur autrui et un miroir qui nous renvoie à nos propres obsessions.

Elle est partout et nulle part à la fois, donc au-delà et en deçà des jugements esthétiques.

Dans *Shakespare's England : An Account of the Life and Manners of His Age*[3], Sir Sidney Lee affirme qu'à l'époque de Shakespeare, « les organisateurs de divertissements publics mettaient les combats de taureaux et d'ours contre des chiens sur le même pied que les représentations de pièces de théâtre ». Aujourd'hui, c'est la télé qui souffre des mêmes préjugés et que l'on abaisse au rang de combats de coqs.

Époques différentes, même snobisme.

Il faut croire qu'il y a toujours eu des intellectuels pour éprouver de la difficulté à voir plus loin que leur museau lorsque vient le temps de parler des nouvelles formes de culture...

La culture
des patates

Dans *Being There*, l'écrivain d'origine polonaise Jerzy Kosinski nous raconte l'histoire d'un jardinier inculte qui passe ses journées à regarder la télé. Outre la santé des plantes, ce pauvre hère ne connaît strictement rien. Il ne lit pas, ne va pas au théâtre et ne s'aventure jamais hors de chez lui. Les rares fois où il rencontre des inconnus, il les regarde piteusement dans les yeux et leur dit : « *I don't read, I don't write, I watch TV...* » Bref, c'est un véritable légume.

À entendre les ennemis de la télévision, les télévores ressemblent tous au héros de *Being There* : ils ne mettent jamais les pieds au théâtre, ne vont pas au cinéma et ne visitent aucune galerie. Ils ne connaissent qu'une seule forme de culture : la culture cathodique. Le petit écran accapare tellement leur temps et leur énergie qu'ils ne quittent plus leur salon. Ce sont des handicapés culturels, des ermites, des « patates de sofa ». La télé leur a complètement enlevé le goût de sortir et d'encourager la « culture vivante »...

Est-ce vraiment le cas ? La popularité de la télévision menace-t-elle directement l'avenir du théâtre et du cinéma ? Pas selon Claude Chabot.

Le 17 juillet 1993, Chabot, premier vice-président et directeur général de Cinéplex Odéon pour le Québec, répondait aux questions de Serge Dussault, journaliste à *La Presse*. L'entrevue portait sur la supposée « mort du cinéma ». Comme tous ses confrères et consœurs, Dussault s'attendait sans aucun doute à ce que Chabot prenne un air pitoyable et accuse la télé d'avoir tué le septième art. Or, c'est exactement le contraire qui arriva : non seulement le d. g. de Cinéplex affichait un sourire satisfait, mais il affirma que tout se passait dans le meilleur des mondes !

« On est parti pour battre 1989 qui a été une année record, dit-il. Statistique Québec annonce une augmentation de fréquentation de 16 % dans le premier quart de l'année par rapport à l'an dernier. Vous savez, contrairement à ce qu'on dit, le public cinéphile n'a jamais complètement disparu. En 1992, la baisse de fréquentation n'a été que de 8 % ou 10 %. Les autres commerçants, qui accusaient des pertes de 40 à 60 %, auraient été aux petits oiseaux à notre place. Aujourd'hui, quand nous sortons un film en version française en plein été, cela veut dire 45 écrans, alors qu'il n'y a pas si longtemps, on ne commandait que 5 copies. Il y aura toujours un avenir pour le septième art... »

« Mais les vidéoclubs ? de demander le journaliste. Ne menacent-ils pas directement les salles obscures ? »

Réponse de Chabot : « Cette concurrence n'existe plus. Les vidéoclubs sont si nombreux (ils sont passés de 2 600 à 4 200) qu'ils se font concurrence entre eux. Nous n'avons pas le même public. Mes concurrents directs, ce sont le Festival de jazz ou les Expos de Montréal... », c'est-à-dire deux événements qui demandent aussi aux gens de sortir.

Et pan ! dans les côtes de ceux qui croient que le petit écran assassine le grand...

Bien sûr, il y aura toujours quelques cinéphiles purs et durs pour faire remarquer que les salles de répertoire ont presque toutes fermé leurs portes à l'arrivée massive de la vidéo. Mais doit-on vraiment le regretter ? La plupart de ces salles étaient mal entretenues, les copies qu'on y projetait étaient dans un état lamentable, les images sautaient, on avait de la difficulté à entendre les dialogues, les programmateurs privilégiaient de plus en plus les mégasuccès du box office aux dépends des œuvres de répertoire...

Aujourd'hui, grâce à la vidéo, nous pouvons regarder l'œuvre complète d'Antonioni et de Bergman dans le confort de notre foyer, sans que l'image ne tremblote ou que la pellicule ne prenne feu. Y a-t-il de quoi verser une larme ? D'autant plus qu'il y aura toujours la Cinémathèque québécoise et le Conservatoire d'art cinématographique pour présenter *Le Septième Sceau* sur grand écran...

Au lieu de critiquer constamment la télé, les amateurs de théâtre et de cinéma devraient peut-être remercier le ciel de son existence. En effet, Martin Scorsese et Claude Chabrol connaîtraient-ils le même succès si la télé ne diffusait pas constamment des extraits de leurs œuvres, si les René Homier-Roy et les Gene Siskel ne vantaient pas leur talent au petit écran ? La salle de La Licorne ou du Quat'Sous serait-elle aussi pleine si les Valérie Letarte et les Julie Snyder n'exhortaient pas leur public à se ruer à la dernière pièce de Machin ? Le plus récent spectacle de Gildor Roy aurait-il remporté autant de succès si le chanteur n'avait pas présenté ses deux dernières compositions à *Studio libre*, à *Beau et chaud* ou à *Sonia Benezra* ? Le Festival des films du monde de Montréal aurait-il attiré autant de gens si Radio-Canada n'avait pas diffusé *Écran total*, une émission exclusivement consacrée à l'événement ?

La télé ne tue pas la culture : elle la nourrit, l'alimente, l'aide à s'épanouir.

Prenez le domaine du livre, par exemple. Non seulement les librairies et le monde de l'édition n'ont-ils pas souffert de l'arrivée du petit écran, mais ils ont même prospéré ! Chez nos voisins du Sud, la vente de livres *per capita* n'a cessé d'augmenter durant les quarante dernières années. Les magazines sont florissants, le nombre de lecteurs augmente (un livre aussi exigeant que *Le Maître des illusions* de Donna Tartt a réussi à briser des records de vente, chose impensable voilà quelques années), et les citoyens fréquentent davantage les bibliothèques publiques.

En France, l'immense succès d'*Apostrophes* a prouvé que le livre et la télé pouvaient faire bon ménage[1]. De 1975 à 1981, le taux d'écoute moyen de l'émission de Bernard Pivot oscillait entre 2,1 millions et 2,7 millions de téléspectateurs, avec des pointes à 6 millions ; en 1984, ce taux grimpa à 3,4 millions de téléspectateurs par émission ! Et cela, sans que les producteurs aient à grever leur budget. En 12 ans, le décor d'*Apostrophes* (construit avec quatre panneaux de bois et quelques bouts de ficelle) ne fut changé qu'une seule fois. Comme quoi le succès d'une émission de télé ne dépend pas des effets spéciaux, quoi qu'en disent certains intellectuels snobinards qui prennent les téléspectateurs pour des enfants attardés.

L'émission de Pivot ne rejoignait pas seulement un très vaste public : elle avait aussi un effet considérable sur la vente des livres. Un livre qui « passait » chez Pivot devenait presque instantanément un best-seller. Les libraires quadruplaient leurs commandes, les critiques de la presse écrite exigeaient de rencontrer l'auteur, les lecteurs réservaient leurs exemplaires par téléphones... Selon un sondage effectué par la revue *Antennes*, le nombre de Français qui lisent a commencé à croître avec l'arrivée de Pivot sur les ondes : au début (1972), ils étaient 40 % ; 15 ans plus tard, ils étaient 60 %. Non seulement lisaient-ils plus, mais ils lisaient mieux. En effet, l'animateur d'*Apostrophes* ne se contentait pas de « pousser » des livres populaires (guides pratiques, livres-chocs, sagas romantiques), mais il a aussi participé à élargir le public de nombreux auteurs méconnus, ou jugés difficiles. Comme l'a dit Françoise Prunère, respon-sable d'un regroupement de 19 librairies de France : « Le phénomène des best-sellers existait bien avant *Apostrophes*, mais il portait sur quelques ouvrages très populaires, du style *Papillon* ou *Au nom de tous les miens*. *Apostrophes* a contribué à créer une nouvelle vague de best-sellers, plus recherchés littérairement... » Que serait Bernard-Henri Lévy sans Pivot ? Ou Erik Orsenna, Jean-Marie Le Clézio et même Patrick Modiano qui, le pauvre, se met à bégayer dès qu'il aperçoit l'ombre d'une caméra ? Des auteurs marginaux, qui n'intéresseraient qu'une infime partie du grand public et qui vivoteraient entre deux parutions.

L'effet Pivot ne se fait pas sentir qu'en France, mère des arts, des armes et des lois, mais partout sur le globe. Les spéciaux que Bernard Pivot a consacrés aux grands auteurs contemporains ont trouvé preneurs dans des dizaines de pays. Le spécial Lévi-Strauss a été diffusé en Belgique, en Hongrie, aux États-Unis, en Suisse et au Québec ; le spécial Marguerite Yourcenar, en Autriche, en Finlande et au Québec ; le spécial Soljénitsyne, en Corée, en RFA, en Autriche, en Suède, en Italie, en Suisse, au Danemark et encore au Québec ! Jusqu'aux Américains, ces « barbares incultes et télévores », qui ont succombé au charme de l'émission. En mars 1986, *The University Times* notait que les librairies françaises de New York disposaient dans leurs vitrines les titres qui venaient d'être présentés à *Apostrophes*.

Cet effet d'entraînement touche également le milieu des sports. Aux États-Unis, le Super Bowl est devenu un événement majeur seulement après que la télévision s'y fut intéressée. Avant, le football était un sport peu populaire ; aujourd'hui, les stades où l'on présente des matchs de football sont remplis à craquer et les billets se vendent à prix fort. Idem pour le hockey américain, la boxe et le tennis, qui ont réussi à « percer » grâce au petit écran.

Pourquoi pensez-vous que les attaché(e)s de presse se battent pour faire en sorte que leurs clients soient invités dans les principaux talk-shows ? Pour les minables 150 dollars que ça peut leur rapporter ? Non. Parce qu'ils savent que la télé est un formidable outil de promotion. Moins on parle de théâtre à la télé, plus les salles risquent d'être vides ; plus on en parle, plus elles ont de chances d'afficher complet.

C'est aussi simple que cela.

Les relations entre le monde culturel et la télé ne s'arrêtent pas à ces échanges de bons procédés et à ces renvois d'ascenseur. En plus de promouvoir le fait culturel et d'inciter les gens à sortir (« allez voir telle pièce, ne ratez pas tel spectacle, précipitez-vous au dernier film de Bidule »), la télévision joue également un rôle actif. De plus en plus d'auteurs et de cinéastes confirmés travaillent maintenant pour le petit écran — que ce soit John Sayles, David Lynch, Oliver Stone, Tim Burton, Barry Levinson et Steven Spielberg aux États-Unis ; Jacques Doillon et Jean-Luc Godard en France ; ou Jean Beaudin et Victor Lévy-Beaulieu au Québec. Robert Lepage a adapté *Les Plaques tectoniques* pour le petit écran, François Girard a mis son talent au service du *Dortoir* de Carbone 14, et Michel Tremblay a écrit deux longs métrages pour Radio-Canada. Tout ça, sans oublier le nombre grandissant de téléfilms (courts ou longs) qui, chaque année, sont produits ou coproduits par les différentes stations à travers le monde.

La télé, ennemie de la culture ? Allons donc. Les deux sont profondément liées. La télé se nourrit de culture, la culture est son sérum, son pain quotidien. Essayez d'imaginer à quoi ressemblerait la télé si elle n'avait plus de films à promouvoir, de pièces à critiquer, de metteurs en scène à interviewer ou de nouvelles vedettes à présenter : elle piquerait du nez. La bonne santé de la télévision est directement liée à la bonne santé du milieu culturel. C'est la loi de la saucisse : « Plus la télé parle de culture, mieux la culture se porte. Mieux la culture se porte, plus la télé a de quoi se mettre sous la dent... »

Seuls les aveugles ne peuvent voir cette évidence.

Téléphobes, encore un effort !

« L'activité télévisuelle est d'abord une forme socialisée et admise de la paresse la plus crasse. » Ça y est, le mot est lâché ! Et il ne vient pas de n'importe qui, mais de Michel Lemieux, auteur de *L'Affreuse Télévision*[1].

En quatrième de couverture de son pamphlet, Lemieux se présente ainsi : « Quarante-trois ans, sociologue. A passé huit mois sans regarder la télévision. »

Mais qu'est-ce qu'on attend, bon Dieu, pour lui décerner une médaille du gouverneur général, l'Ordre du Canada ou — pourquoi pas ? après tout, Denise Bombardier et Jerry Lewis l'ont bien reçue — la Légion d'honneur française ? Nommons-le ministre de la Culture, et construisons immédiatement un monument à sa mémoire, juste en face de Vidéotron !

Lorsqu'il a tapé cette phrase sur sa machine à écrire (une vieille Remington toute rouillée, sans doute), Michel Lemieux pensait sûrement avoir inventé la roue. Mais en fait, il n'a fait que répéter un des clichés les plus éculés au sujet de la télévision : à savoir qu'elle rend imbécile, ignorant et paresseux. Ce lieu commun est tellement... commun, que même certains intellectuels, ennemis du petit écran, hésitent à l'utiliser.

D'abord, qu'est-ce que l'effort, qu'est-ce que la paresse ? Les lecteurs de Camus sont-ils plus paresseux que les lecteurs de Proust ? Les personnes qui aiment les toiles impressionnistes sont-elles plus paresseuses que les passionnés d'art abstrait ? Comment mesure-t-on le degré de paresse intellectuelle des gens : au nombre de pages qu'ils ont lues, au poids des livres qui garnissent les rayons de leur bibliothèque, à la grandeur des toiles qu'ils admirent ? Combien de propositions une phrase doit-elle contenir pour mériter une entrée dans le Diction-naire des phrases exigeantes ?

À moins que cette histoire d'effort et de paresse ne soit une question de médium. Il faudrait alors conclure que les apôtres d'Ingmar Bergman sont intellec-tuellement plus paresseux que les lecteurs de Guy Des Cars, ou que les admirateurs de Peter Greenaway ne font pas le poids à côté des fans d'Arlette Cousture.

Pourtant... N'importe qui a déjà regardé ne serait-ce que trois vidéoclips dans sa vie sait à quel point ces mini-productions peuvent être hypercomplexes. Les images se bousculent, les références fusent, on file du passé au futur en trois secondes et demie, les réalisateurs contrastent les images, jonglent avec les idées, mélangent les époques, déconstruisent le récit, multiplient les clins d'œil. Les amateurs de clips (pour ne parler que de cette forme d'art intrinsèquement télévisuelle) absorbent une quantité phénoménale de détails et d'informations en très peu de temps. Ils doivent combler les vides, faire des liens, retrouver le fil de l'histoire proposée par le réalisateur... Le clip vampirise les autres arts, il s'en imbibe ; il vibre à l'heure du mouvement, du collage, du décloisonnement des idées et des formes. Certaines de ces productions sont si complexes, si touffues, qu'elles pourraient rivaliser avec les meilleurs films de Godard et de Fellini, ou les plus belle toiles d'Ensor et de Dali. Passer à côté du clip, c'est passer à côté de son époque et ne rien comprendre à son temps.

Certes, lire un bon roman demande attention et concentration ; mais regarder une bonne production audiovisuelle également. Ce n'est pas parce que la lecture exige temps, silence et solitude qu'elle constitue nécessairement une activité supérieure, plus intelligente et plus éducative que regarder la télé.

Dans *Le Monde diplomatique* d'octobre 1979, Armand et Michèle Mattelart signaient un texte intitulé « Une culture pour gérer la crise ». « Nul besoin d'être expert en théorie de l'information pour découvrir qu'à plus grand bruit, plus grand vide, affirmaient-ils. Les réalisateurs de pubs et de programmes télévisés utilisent l'événement technique pour masquer le vide d'information réelle et la futilité des thèmes et des actions. Une façon de créer l'impact et de séduire en ne racontant rien[2]. » Dans le même ordre d'idée, l'incontournable Michel Lemieux dénonçait dans son pamphlet « cette obsession de la télévision qui la fait se vautrer dans le mouvement et s'y immerger jusqu'à plus soif [...] Cette course névrotique à montrer toujours et seulement ce qui bouge[3]. »

C'est l'argument chouchou des téléphobes : le mouvement est louche, l'abondance est suspecte ; l'art — le bon, le vrai — ne peut vivre que dans la rigueur et le recueillement. On croirait entendre les académiciens du XVIIIe et du XIXe siècle qui, aux concerts de Mozart et de Tchaïkovski, se bouchaient les oreilles et criaient : « Trop de notes ! Trop de notes ! ». Ou encore, ces théoriciens pépères des écoles de beaux-arts, qui condamnaient sévèrement le dynamisme « excessif » des toiles de Sonia Delaunay et de Franz Marc.

Aussi bien désavouer Marcel Proust parce qu'il y a trop de mots dans ses romans, Ludwig Wittgenstein parce qu'il y a trop d'idées dans ses essais, Trisha Brown parce qu'il y a trop de mouvements dans ses chorégraphies, Jackson Pollock parce qu'il en met trop, trop de couleurs, trop de gestes, trop de signes. Et que dire de ce pauvre Fellini avec ses clowns grotesques, ses mouvements de caméra à n'en plus finir et ses orgies baroques ? Trop, trop, trop ! Jetez vos travaux, élève Federico, et retournez au tableau !

Et même si quelques réalisateurs exagéraient un peu sur la forme, qu'est-ce que ça ferait ? Qu'est-ce que c'est que cette obsession du contenu à tout prix ? Depuis quand la forme doit-elle absolument s'appuyer sur un message rigoureux pour être intelligible et pertinente ? Où est le contenu dans Boulez, dans Soulages, dans René Char ?

Toujours cette vieille opposition entre le contenu et la forme, l'exigence et le plaisir, l'effort et la paresse. Eh oui, l'image titille l'œil avant de caresser le cerveau. Eh oui, les réalisateurs de télé s'amusent parfois un peu trop avec la technique (tout comme James Joyce, Georges Perec et de nombreux autres « techniciens » de la littérature qui ont fait du langage le principal sujet de leur œuvre). Et alors ? Qu'y a-t-il de mal à en mettre plein la vue pour le simple plaisir d'épater la galerie ? Qu'y a-t-il de si méprisable dans le fait de vouloir divertir, étonner, ébouir ?

Quand ils affirment que la télé rend paresseux, Michel Lemieux et ses amis (Neil Postman, Allan Bloom et les autres) veulent dire : « comparativement à la lecture, qui elle est une activité exigeante ». Lemieux devrait pourtant savoir qu'il n'y a pas qu'une sorte de lecture, mais plusieurs ; tout comme il y a une multitude de lecteurs. Pire : un lecteur peut en cacher un autre, deux autres, trois autres, selon ses envies et ses humeurs. Il peut être paresseux un jour et diligent le lendemain ; plonger avec délices dans un thriller d'Agatha Christie au petit déjeuner, puis se taper *Le Quatuor d'Alexandrie* après le dîner. L'univers du livre est bien large : il englobe autant Yukio Mishima que Claude Jasmin, les chefs-d'œuvre de La Pléiade que la collection Harlequin. C'est bien beau, comparer la littérature à la télé, mais il ne faudrait pas mélanger les catégories. On ne compare pas *Belle du Seigneur* aux *Tannants*, tout comme on n'oppose pas les productions de *Master piece Theatre* au premier roman de gare.

Les haut-le-cœur des ennemis de la télé me rappellent un vieux gag.

Un psychiatre demande à l'un de ses clients de regarder une série de dessins abstraits et de lui dire à quoi lui fait penser chaque dessin.

Au premier dessin, le client répond : « Une femme qui se fait baiser par un cheval. »

Au deuxième dessin : « Une femme qui se fait baiser par un bouc. »

Au troisième dessin : « Une femme qui se fait baiser par un singe. »

Et au dernier : « Une femme qui se fait baiser par un chien. »

Découragé, le psychiatre dépose ses dessins sur son bureau et dit à son client : « Vous êtes visiblement obsédé par le sexe. »

« Comment ça, obsédé ? répond son client. C'est vous qui êtes obsédé, vous me montrez toujours la même saloperie ! »

Comme ce pauvre bonhomme, nos téléphobes ne voient que ce qu'ils veulent bien voir. Ils sont tellement fascinés par la bêtise qu'ils ont fini par la croire omniprésente. Ils la poursuivent d'une chaîne à l'autre et la traquent avec ténacité, des jumelles sur les yeux et le câblosélecteur à la main. Qui sait ? S'ils regardaient autre chose que des émissions de variétés de série Z ou des talk-shows d'après-midi, ils finiraient peut-être par voir de la bonne télé. Mais non, ils préfèrent feuilleter le dernier *Penthouse* pour mieux crier à la pornographie. Tant pis pour eux.

C'est une chose que de vouloir défendre la lecture ; c'en est une autre que de ne jurer que par elle. Après tout, le mot n'a pas toujours régné en maître sur la culture et la pensée. Il fut un temps où c'était les peintres et les musiciens que l'on tenait en haute estime ; les philosophes et les écrivains venaient en second lieu. Pourquoi la roue ne pourrait-elle pas continuer à tourner ? Qui a dit que le mot était sacro-saint, que la civilisation allait s'écrouler avec le déclin (si déclin il y a) de la littérature ?

Dans *L'actualité* du 1er août 1992, le journaliste Stéphan Bureau nous présentait une entrevue avec Leonard Steinhorn, célèbre intellectuel qui enseigna au département d'Études américaines de l'American University de Washington avant de faire le saut dans le monde de la politique (il écrivit entre autres textes des discours pour le candidat Michael Dukakis en vue des élections présidentielles de 1988). Quelques semaines avant de rencontrer Bureau à Washington, Steinhorn avait publié un texte controversé dans lequel il attaquait sévèrement les prophètes de malheur qui passent leur temps à condamner la culture et les valeurs des jeunes Américains. Bureau lui a demandé d'expliquer son point de vue. Voici quelques extraits de cette entrevue fascinante.

L'actualité : Contrairement à Allan Bloom — auteur à succès et apôtre du retour aux valeurs de la littérature classique dans *The Closing of the American Mind* —, vous ne semblez pas inquiet de voir les jeunes préférer MTV (l'équivalent américain de MusiquePlus) aux grandes œuvres de la littérature.

Leonard Steinhorn : C'est vrai. Les jeunes ne lisent plus et ce n'est pas une catastrophe. Il faut arrêter de croire que la solution à nos problèmes se trouve nécessairement dans les vieux modèles.

Le Nintendo prépare peut-être mieux les jeunes à la société de demain que ne le ferait l'étude de l'histoire ancienne. MTV, c'est la culture d'aujourd'hui. La capacité d'analyser un vidéo de Madonna est plus importante qu'on ne le croit dans nos économies postindustrielles. Les États-Unis se sont taillé une place dans l'économie en s'adaptant au progrès plus rapidement que n'importe quel autre pays du monde. L'innovation et l'ingéniosité, voilà ce que récompense le marché. À ce chapitre, les jeunes Américains tirent pas mal leur épingle du jeu.

L'actualité : Dans ce contexte, faut-il faire une croix sur l'enseignement des humanités ?

Steinhorn : Je ne voudrais surtout pas faire une pareille déclaration. L'éducation dite classique doit demeurer et la lecture doit être davantage encouragée. Je suis cependant réaliste. Quels que soient les efforts que nous déployions pour élever le débat intellectuel ou valoriser une culture plus classique, force est de constater que nous échouons lamentablement. Nous vivons à l'heure de la pop culture et de l'image. C'est le nouveau langage universel, vers lequel les jeunes s'orientent. [...]

L'actualité : Doit-on comprendre que le marché façonne la représentation que l'on se fait de l'alphabétisme ?

Steinhorn : Je pense que c'est une conclusion logique. À l'aide de la télé, de la vidéo et des ordinateurs — jeux électroniques compris, nos enfants arrivent à digérer des quantités d'informations. Seulement voilà, le mot écrit n'est plus le canal d'accès privilégié à la connaissance. L'image a supplanté l'écriture. Peut-on indéfiniment refuser cette réalité incontournable ? Les heures passées à jouer au Nintendo préparent les jeunes à fonctionner dans un monde qui reposera de plus en plus sur la technologie interactive. Les analphabètes de demain seront ceux qui ne pourront fonctionner dans cet univers interactif.

L'actualité : La notion d'alphabétisme doit-elle inclure le langage de l'image ?

Steinhorn : Tout à fait. Il ne faut pas oublier que notre conception de l'alphabétisation est récente. Avant l'avènement de l'éducation publique, la majorité de l'humanité arrivait à fonctionner sans lire ni écrire. L'alphabétisme tel qu'on l'entend aujourd'hui est donc un concept très moderne. [...] Vous savez, les gens veulent tout savoir... et vite. L'offre est monstrueuse. Il est extrêmement difficile de gérer efficacement cette trop grande quantité d'informations. La télé, l'image de façon générale, nous permet de digérer beaucoup plus rapidement et efficacement ce bombardement. Les jeunes le savent instinctivement et sont bien plus habiles que leurs aînés à traiter cette offre. Pour eux, les idées s'expriment en images bien plus qu'en mots.

L'actualité : Si vous avez raison, le système d'éducation traditionnel n'est certainement pas en mesure de répondre aux besoins de cette génération.

Steinhorn : Tout à fait. De façon générale, nos écoles sont ancrées dans le passé et sont en retard de 40 ans sur les jeunes d'aujourd'hui. Il y a encore très peu de liens entre la pédagogie et les outils modernes que manipulent quotidiennement les enfants. On est encore extrêmement réfractaire à cet univers de la technologie et de l'image. Nous sommes restés au tableau noir et à la craie. Il est peut-être temps de cesser de condamner les Nintendo, Super Mario et autres gadgets et de les intégrer dans les classes. On doit réconcilier cette technologie avec les besoins plus traditionnels de l'enseignement. »

Voilà. L'extrait est long, mais vaut son pesant d'or. Steinhorn annonce l'aube d'une nouvelle ère : celle de l'image. Pour lui, l'image ne tuera pas la pensée : elle la transformera. Elle n'éliminera pas l'effort : elle demandera tout simplement aux citoyens de développer un sixième sens ; d'apprendre à se servir d'une table de montage, comme ils ont appris à se servir d'un stylo feutre puis d'un clavier d'ordinateur.

Bref, la civilisation de l'image ne nous obligera pas à réfléchir moins : elle nous encouragera à réfléchir *autrement*.

Les propos de Steinhorn rejoignent ceux de Camille Paglia. À l'hiver 1992, l'auteure de *Sexual Personae : Art and Decadence from Nefertiti to Emily Dickinson* répondait aux questions de Peter Downie, journaliste à CBC et animateur de l'émission *Man Alive*. Sur un rythme d'enfer (Paglia parle très rapidement, comme un magnétophone en *fast forward*), l'émule de Harold Bloom expliquait pourquoi elle aime tant la télé et la radio :

> J'appartiens à une génération électronique. En 1964, je possédais déjà une chaîne stéréo. Je faisais mes travaux en écoutant la musique au maximum. J'avais des écouteurs sur les oreilles, j'étais complètement branchée (*plugged in*).
>
> C'est ma vision du monde : j'aime la nature, j'adore la lune, le soleil et les étoiles. Mais je ne me sens heureuse que lorsque je suis chez moi, avec ma télé, mon lecteur laser, mes écouteurs, mon magnétoscope, ma radio, mon téléphone... Il y a des fils partout dans mon salon, j'ai l'impression que je suis dans une capsule spatiale. J'ouvre la télé et je vois un lion en Afrique, des policiers à New York, une fusée dans l'espace... Je me sens comme une déesse, je flotte dans le ciel et j'observe le monde vaquer à ses occupations. Je suis omniprésente,

omnisciente ; je vois tout, j'entends tout... Je me sens connectée avec le monde entier.

Les vieux académiciens détestent la télé ; ils disent qu'elle rend paresseux, qu'elle nous distrait. C'est une vieille façon de penser. Mon cerveau ne fonctionne pas comme le leur : je peux me concentrer tout en digérant des tonnes d'informations. La télé ne me dérange pas, au contraire, elle m'aide à penser, à réfléchir. Les gens me demandent : " Comment peux-tu réfléchir dans un tel vacarme ? " Je leur réponds : " Je ne peux réfléchir *que* dans un tel vacarme ! " S'il n'y a pas de bruit ni d'images, je dois combler ce vide et mon esprit dérape ; mais si la télé est allumée, je peux enfin me concentrer et réfléchir. Vous savez, j'ai écrit *Sexual Personae* (un essai de 700 pages) en regardant la télé et en écoutant du rock à plein volume.

Mon cerveau est divisé en deux. Une partie est très analytique et l'autre est complètement électrifiée. J'ai plusieurs pistes dans la tête : une piste pour le son, une piste pour l'image, une autre pour les idées... Et ces différentes pistes fonctionnent toutes simultanément.

« L'esprit doit être calme comme un étang afin de mieux recevoir les messages de l'univers », disent les bouddhistes. Eh bien, c'est exactement comme ça que je me sens lorsque je regarde la télé : je suis au neutre (*completely blank*), je passe d'une chaîne à l'autre et je sens que mon cerveau électronique bouillonne. J'emmagasine tous ces sons, toutes ces images (*General Hospital*, Liz Taylor, *Entertainment Tonight*, la pub, la météo, le téléjournal, tout), et je nage dans le bonheur. Ce flot d'informations coule devant moi comme une rivière... J'ai mon contrôleur à distance dans la main et je fais Zap ! Zap ! Zap ! Je passe d'une image à l'autre, du visage de la Vierge Marie au nombril d'une chanteuse qui se trémousse les nichons. C'est fabuleux ! C'est ça, la culture : des images bizarres, des réalités contradictoires qui s'entrechoquent. C'est baroque, païen, sensuel. Ces couleurs, cette vitesse, ce flot continu d'images, tout est fantastique ! Quand j'ai regardé MTV pour la première fois, je n'en revenais pas. Je me suis dit : Enfin, je me reconnais ! Mon cerveau fonctionne de cette façon depuis 30 ans. [4]

Camille Paglia regarde beaucoup la télé. Cela ne l'a pas empêchée de lire, d'écrire et de réfléchir ; de développer une thèse cohérente et originale ; ni d'émailler son livre de références diverses, allant de Claude Debussy à Bob Dylan, en passant par Gœthe, Genet et Herman Melville. La télé n'a pas pollué son esprit ni affaibli sa pensée. Au contraire : le langage télévisuel a nourri ses réflexions. Ce bombardement d'images a agi sur son cerveau comme un véritable choc électrique.

Lorsqu'on parcourt le livre de Paglia,

on a l'impression de zapper à travers l'histoire de l'art ; on passe de Jodie Foster à Nefertiti, de Madonna à John Keats, d'Elvis Presley à Friedrich Nietzsche, d'Anthony Perkins à John Milton. Paglia parle des Rolling Stones, de Mary Shelley, de Tina Turner, de Claude Monet, de Jimi Hendrix, de Jeanne d'Arc et de Jack l'éventreur. Tout est éclaté, mais tout est cohérent. Il n'y a pas de fausses hiérarchies pseudo-académiques (Mozart en haut, John Lennon en bas) : le passé a la vivacité du présent, et le présent pèse aussi lourd que le passé. Les images se juxtaposent, les figures s'entremêlent, les artistes se répondent, s'interrogent et se renvoient la balle dans une ronde intellectuelle époustouflante. Nous ne pouvons que rester bouche bée devant un tel tour de force. Son livre est un véritable feu d'artifices intellectuel. Il est à la fois brillant et érudit.

Et pourquoi pas ? Pourquoi ces deux adjectifs seraient-ils nécessairement antinomiques ? Qui a dit qu'il fallait choisir, qu'une œuvre se devait d'être soit brillante (et ennuyeuse), soit spectaculaire (et superficielle) ? Pourquoi la connaissance devrait-elle être ardue, plate, douloureuse ? Pourquoi faudrait-il toujours associer la culture à l'effort ? Pourquoi les intellectuels n'auraient-ils pas le droit, eux aussi, de vivre au présent, de prendre plaisir à regarder MusiquePlus, d'écouter les Red Hot Chili Peppers et de discuter du dernier numéro de *Rolling Stone* ? Qui a dit que seule la culture ternie comptait, que les artistes devaient pourrir six pieds sous terre pendant au moins 150 ans avant de mériter notre admiration ?

La plupart des intellectuels, lorsqu'ils parlent de culture, ressemblent à de vieux curés rabougris. Ils disent qu'il faut « gagner son ciel », « mériter son salut », « traverser le désert pendant 40 jours et 40 nuits pour trouver la grâce ». C'est pour ça qu'ils détestent la télévision : parce qu'elle séduit, parce qu'elle excite. Pour eux, la télé est le diable des temps modernes ; une sirène bien roulée qui chante dans la nuit pour tourmenter les étudiants et corrompre leur esprit ; une gorgone qu'il ne faut jamais, et pour aucune raison, regarder dans les yeux.

Ils détestent la télé comme ils détestent ces jeunes professeurs fringants qui portent des blousons de cuir, fréquentent les bars à la mode et se baladent en moto. La jeunesse de la télé les dérange, sa fougue les menace, sa popularité les emmerde ; ils voudraient qu'elle soit comme eux : moustachue, poussiéreuse, ventripotente, mal fagotée, à l'abri des modes et des styles, plate, grise, rasante. Ils voudraient qu'elle soit « sérieuse », c'est-à-dire austère. Ils voudraient qu'elle adopte un ton « vieille France » lorsqu'elle commente l'actualité, que sa voix chevrote, que ses genoux craquent lorsqu'elle se lève de sa chaire et se dirige au tableau.

La seule télé qui les intéresse est celle

d'avant-hier. À l'époque, se souviennent-ils avec émotion, la télé était respectable, elle s'habillait en noir et blanc et toussotait lorsqu'elle parlait. Elle avait 20 ans mais en paraissait 40 de plus. On l'écoutait en silence entre deux chapelets. Elle n'avait pas encore découvert le montage ni les caméras portatives ; elle se contentait d'une vieille mappemonde et d'une boîte de craies. On s'assoyait sur ses genoux et elle nous parlait de Napoléon en tirant sur sa pipe. Elle utilisait le langage de la radio et ressemblait à une petite école de rang. Bref, c'était le bon temps.

Mais aujourd'hui...

Aujourd'hui, la télé danse le disco et porte des vêtements de couleurs. Son langage est unique ; il ne ressemble ni à celui de l'écrit ni à celui de la radio. Et comme si ce n'était pas assez, elle séduit les jeunes et parle une langue que tout le monde comprend. N'est-ce pas la preuve suprême de son insignifiance ?

Les académiciens passent leur temps à affirmer que la télé tue la lecture, qu'elle éloigne les jeunes des bibliothèques et qu'elle nous rend passifs, paresseux.

Est-ce vraiment le cas ? Y a-t-il vraiment un lien entre ces deux réalités : le fait que les jeunes écoutent beaucoup la télé et qu'ils lisent moins ? Pas sûr...

Le 28 mai 1992, le département de l'Éducation des États-Unis publiait un rapport sur les habitudes culturelles des jeunes. Ce rapport révélait que de

1988 à 1990, le taux des élèves passant en moyenne plus de 3 heures par jour devant le petit écran avait diminué de 7 % (de 69 % à 62 %) chez les 5 à 9 ans ; de 7 % (de 71 % à 64 %) chez les 9 à 13 ans ; et de 9 % (de 49 % à 40 %) chez les 14 à 18 ans. Bref, les jeunes Américains regardaient moins la télé.

Est-ce à dire qu'ils lisaient plus ? Non. Selon ce rapport, près des deux tiers des élèves de 9 à 18 ans continuaient de lire moins de 10 pages par jour, et un tiers d'entre eux avouaient lire en moyenne moins de 5 pages par jour pour leurs études.

Conclusion du rapport : moins de télé ne veut pas dire plus de lecture. C'est l'attitude des parents qui influence les habitudes des jeunes, et non le nombre d'heures qu'ils passent devant la télévision.

Comme dirait mon père : « Mets ça dans ta pipe et fume ! »

Si les jeunes ne lisent pas, ce n'est pas parce qu'ils regardent trop la télé : c'est parce que la lecture ne leur semble plus une activité essentielle, parce que leurs parents lisent de moins en moins, et parce que leurs professeurs n'ont pas réussi à leur « vendre » les vertus de la lecture.

Si les professeurs donnaient autre chose à lire à leurs élèves que *Maria Chapdelaine* et *Menaud, maître draveur*, peut-être les jeunes ouvriraient-ils un livre de temps en temps. Mais non, ils conti-

nuent à les bourrer d'ouvrages poussié-
reux et dépassés, à les gaver de classiques
jaunis et gondolés. Comment voulez-vous
qu'un jeune de 15 ans attrape la fièvre de
la lecture si on le force à lire du Félix-
Antoine Savard ? Seuls les technocrates
blasés du ministère de l'Éducation salivent
en pensant à Louis Hémon ; la majorité
des adolescents le trouvent plate à mourir.

Toujours ce concept judéo-chrétien de
l'effort. « Lire est une activité difficile,
exigeante. Plus un livre vous fait suer et
plus il vous ennuie, meilleur il est pour
votre culture. La télé vous divertit, vous fait
sourire, vous émeut ; mais un livre fait
travailler vos cellules grises. Il ne va pas à
vous ; c'est vous qui devez aller à lui... »

Bla bla bla.

Vous voulez donner le goût de la lecture aux jeunes ? Alors lâchez les cabanes
en bois rond et faites-leur lire des œuvres
pertinentes, provocatrices, modernes ; des
romans qui parlent de leur vie, de leurs
amours, de leur époque ! Laissez votre toge
au vestiaire et arrêtez de nous les casser
avec votre sacro-saint effort !

Chaque semaine, la télé nous présente
des dizaines d'entrevues fascinantes avec
des auteurs célèbres. Ces écrivains nous
font visiter leur maison, racontent leurs
plus beaux souvenirs, discutent de politique et de littérature — bref, nous font
partager leur amour de la lecture...
Présente-t-on des extraits de ces émissions
en classe ? Non. *La Littérature au cégep*,

une étude exhaustive sur le statut de la littérature dans l'enseignement collégial, nous apprend qu'entre 1968 et 1978, les références audiovisuelles ne constituaient que 3,44 % du corpus utilisé par les profs de littérature. De ces références 79,2 % étaient constituées d'œuvres cinématographiques (La *Nuit de la poésie*, par exemple) ; 17 %, de disques ; et 1,9 %, d'émissions de télé 5. Et tout nous permet de croire que la situation ne s'est guère améliorée avec le temps. Comme si les livres allaient tomber en poussière si les profs allumaient une télé en classe...

Au lieu de toujours renvoyer télé et littérature dos à dos comme deux ennemis mortels, nos professeurs devraient peut-être les placer côte à côte. Au lieu de mépriser le langage télévisuel, nos littéraires devraient peut-être essayer de comprendre sa logique. Après tout, ce n'est pas pour rien que les jeunes accrochent tant à la télé ; il doit bien y avoir une raison, ce n'est pas seulement une question de paresse ou d'ignorance ! Ce satané appareil doit bien répondre à une demande, coller à une sensibilité, non ?

La Terre tourne à une vitesse folle, les événements se bousculent, l'univers de la technologie est en constante révolution, et nous n'avons pas assez de deux télévisions, trois radios et quinze journaux pour nous tenir au courant de ce qui arrive chaque jour.

Comment voulez-vous que les jeunes

résistent à la télé, dans ce contexte ? Et pourquoi le feraient-ils ?

La télé est rapide et multiforme, elle vit à leur rythme et parle leur langue. Elle va directement à l'essentiel, et ne passe pas 15 minutes à nous montrer un homme qui sort de son auto, verrouille sa portière, met la clé dans sa poche, marche 15 mètres, monte un escalier, sort une autre clé de sa poche, déverrouille la porte de sa maison, ouvre cette porte, la referme derrière lui, enlève son manteau, dépose son manteau sur le portemanteau et s'écrase dans son fauteuil.

Contrairement à la littérature, qui a atteint l'âge de raison voilà plus d'un siècle, la télévision n'a pas encore atteint sa vitesse de croisière. Elle est jeune, formidablement jeune. En fait, on pourrait dire qu'elle est à la littérature ce que l'Amérique était à l'Europe il y a deux cents ans : la Nouvelle Frontière, une sorte de Far-West culturel. Tout reste à faire, là-bas, il n'y a ni passé ni tradition. Aucun Dostoïevski qui vous regarde de haut, aucun Stendhal qui commande admiration et obéissance. Vous arrivez avec votre sac à dos et votre brosse à dents, et à vous l'aventure ! Comme l'informatique, la télé est le médium des opportunités, elle ouvre ses portes à tous ceux qui ont des idées. Non seulement déteste-t-elle l'aristocratie, mais elle ne possède ni castes ni classes sociales. Les réseaux s'interpénètrent et s'interinfluencent. Il n'y a pas Gallimard d'un côté et « J'ai lu » de l'autre ; les gens et les idées circulent librement, on va de NBC à CNN, ou de MusiquePlus à Radio-Canada, sans aucun problème. Certains travaillent même pour plusieurs chaînes en même temps. Étant donné que le territoire est encore vierge et que le pays est encore jeune, les critiques ne vous attendent pas avec une brique et un fanal : ils sont ouverts à la nouveauté et ne vous demandent qu'une chose : « Étonnez-moi.»

La télé pense à demain. Ce n'est pas le passé qui la pousse, c'est l'avenir qui la tire. Parce qu'elle cherche encore sa voie, elle emprunte tous les chemins, toutes les directions. Lorsque le clip est apparu, la télé n'a pas rechigné. Elle n'a pas crié à la trahison ni au scandale : elle a sauté dans le train, afin de savoir où tout ça la mènerait. Elle n'a ni enfant ni maison ; des admirateurs lui ont bien consacré deux ou trois musées, mais elle s'en fout. Elle n'a que faire des honneurs et des monuments. Elle ne passe pas son temps à pleurer sur son passé et à se dire qu'elle était plus belle avant. Aujourd'hui elle est ici, demain elle sera là. Vous voulez suivre les recettes et répéter ce qui s'est fait ? Parfait. Vous préférez sortir des sentiers battus et défier toute logique ? *No sweat.* Elle est ouverte à tout, elle aime autant *Masterpiece Theatre* que *Twin Peaks*, l'accent british que le jargon post-punk. Elle est votre glaise ; vous pouvez en faire ce que bon vous semble. Elle ne connaît pas de frontières, se fout de vos origines et ouvre ses portes à toutes les influences. Elle accueille tout le monde, danseurs, peintres, romanciers, sculpteurs, musiciens, et les transforme en artistes de la télévision.

Et on se demande après pourquoi les jeunes regardent la télé avec envie, pourquoi ils rêvent de planter leur drapeau sur ses plages quasi désertes...

Les jeunes d'aujourd'hui ne sont pas différents de ceux d'hier. Ils aiment se reconnaître dans les œuvres qui les entourent — reconnaître leurs angoisses, leurs passions, leurs craintes. Pourquoi les films de la Nouvelle Vague ont-ils autant enthousiasmé les jeunes des années 60 ? Parce qu'ils épousaient les contours de leur époque, qu'ils captaient l'air du temps et dynamitaient l'esthétique vieillotte des académiciens. Or, aujourd'hui, c'est le rock et la télé qui marquent le temps et montrent la voie.

« Il y a toujours du nouveau », disait Alain Robbe-Grillet. Entendez : tout change tout le temps, même l'art. *Surtout* l'art. La culture est un reflet de la réalité. Lorsque la réalité change, lorsque les rapports entre l'individu et le monde qui l'entoure se transforment, l'art se métamorphose. On voit apparaître d'autres mots, d'autres formes, d'autres langages.

Et aujourd'hui, le langage qui reflète le mieux notre monde, c'est le langage de la télévision.

C'est pour ça que les jeunes regardent beaucoup la télé : non parce qu'elle est plus « facile », plus « divertissante » et moins « exigeante », mais parce qu'elle respire le même air qu'eux. Parce qu'elle voit le monde avec leurs yeux.

Parce qu'elle est sur la même longueur d'onde.

Les nostalgiques de la plume et de l'encrier peuvent bien la décrier, la mépriser et la bouder, la télé s'en fout. Elle demeure bien tranquille dans son coin, et regarde tout ce beau monde s'énerver autour d'elle, ses 250 canaux fonctionnant à plein régime et ses antennes tournées vers l'avenir.

Alors, chers défenseurs de la grande culture, chers dénigreurs de l'image, chers résistants de la dernière heure : « *Wake up and smell the coffee.* »

La télévision est là pour rester. Ou vous sortez de votre tour d'ivoire et mettez vos montres à l'heure, ou vous broyez du noir dans votre chambre et manquez le bateau.

Fille de pub

Dans *Ginger et Fred*, une charge particulièrement lourde contre l'industrie du spectacle, Federico Fellini cogne à bras raccourcis sur la télévision. Selon le réalisateur italien, la télé n'est qu'un bonimenteur pathétique qui interrompt les films toutes les cinq minutes pour vendre du savon ; une putain sans cœur qui ferait n'importe quoi pour remplir son portefeuille.

Dans *Le Murmure marchand*, un essai vitriolique sur la société de consommation, Jacques Godbout utilise les mêmes arguments et condamne lui aussi le petit écran.

L'accueil favorable qu'a reçu ce livre vaut la peine qu'on en cite quelques extraits :

« La télévision ne crée pas le village global mais l'usine globale : on y produit des consommateurs pour que les objets de la chaîne automatisée ne tombent pas dans le vide[1]. »

« Si la télévision présente parfois matière à réflexion, surtout elle empêche de réfléchir. Après une émission particulièrement réussie on ne fait jamais de fondu au noir et au silence, une publicité vient distraire ; tout à l'heure des enfants mouraient dans le Sahel, maintenant des enfants envahissent les comptoirs d'un MacDonald. [...] Si, dans les bibliothèques, il était défendu de se parler, à la télévision il est défendu de se taire[2]. »

« L'œil peut sauter par-dessus l'annonce du journal, la main tourne non-chalamment la page. Au petit écran, toutes les huit minutes, la publicité prend charge de votre temps, de votre attention, la station a vendu vos oreilles et vos yeux, vous payez de vos organes le spectacle-support des bandes commerciales. La publicité à la télévision est inévitable... qui peut donc l'éviter[3] ? »

On reconnaît l'un des discours fétiches des ennemis du petit écran : la télévision est une machine à pub, elle n'existe que pour nous vendre des produits. Cette petite boîte aliène les individus, les diminue et les traite comme s'ils n'étaient rien d'autre que de vulgaires consommateurs, dépourvus de valeurs et d'idéaux. Godbout compare même les téléspectateurs à des « troupeaux d'esclaves » qui « diffèrent fort peu des Noirs vendus hier aux planteurs de coton » !

Une constatation, tout d'abord. Jacques Godbout affirme que la télé ne sait pas se taire. Or, qui a dit qu'il fallait regarder tout ce que la télé diffuse ? On n'écoute pas la radio 30 heures par jour, on ne feuillette pas des magazines du matin jusqu'au soir, on ne passe pas ses journées au cinéma... Pourquoi agirait-on différemment avec la télé ? On n'a qu'à regarder ce qui nous intéresse, à baisser le son pendant les pubs, et bonsoir la visite !

Deuxième contre-argument. Godbout (qui, lorsqu'il passe à la télé, maîtrise le médium comme peu d'écrivains savent le faire) condamne la télévision parce qu'elle se nourrit de pubs. Difficile de le contredire sur ce point. Mais voilà, ce n'est pas une situation figée dans le béton, inscrite dans les gènes mêmes de la télé ! Au contraire, les choses commencent à changer. De plus en plus de diffuseurs fonctionnent maintenant par abonnement (télé payante, pay-per-view), d'autres tentent de regrouper les pubs au début ou à la fin des émissions (TV5, Radio-Québec, PBS), quelques-uns essaient d'attirer des commandites de prestige... Bref, le paysage change. Une étude récente publiée dans *La Presse* a même démontré que les revenus publicitaires de la télévision avaient tendance à baisser, au profit des revenus publicitaires des quotidiens...

Est-ce à dire que la pub désertera bientôt le petit écran ? Non, pas dans cent ans. D'abord, la production d'une émission de télé coûte cher. Ensuite, les télédiffuseurs privés ne reçoivent aucune subvention de l'État et doivent obéir aux lois de l'offre et de la demande pour survivre.

Et puis à trop vouloir être puriste, on finit par devenir naïf. Bien sûr qu'il y a de la pub au petit écran ! Bien sûr que les télédiffuseurs sont des entreprises capitalistes qui tentent d'attirer le plus large public possible ! Et alors ? Les éditeurs de livres sont-ils plus angéliques, courent-ils après les flops, prennent-ils un malin plaisir à jeter leur argent par les fenêtres, refusent-ils pudiquement les bons coups ? À la fin du *Murmure marchand*, Godbout, bon prince, lève le voile sur les pratiques commerciales qui ont cours dans le merveilleux monde de l'édition. Elles sont tout aussi contraignantes que celles qui régissent le milieu de la télé : on traite les auteurs comme des produits, on les force à signer des autographes, on les traîne dans tous les salons du livre, on les photographie comme des stars... On les plogue même dans des talk-shows ! Preuve que les bonzes de l'écrit, même s'ils adorent gueuler contre la télé, aiment bien avoir leur petit quart d'heure de gloire de temps en temps...

S'il faut tirer sur la pub, ne nous limitons pas à la télé et visons large. Attaquons ces satanés pubs de parfum qui empestent nos magazines, ces publi-reportages qui garnissent nos quotidiens, ces portraits d'entreprises (La Laurentienne, Bombardier, Desjardins) qui ne sont que des réclames de 500 pages déguisées en livres d'histoire, ces biographies officielles, ces panégyriques romancés, etc.

Oui, la pub à la télévision est encombrante, mais au moins elle est visible, assumée, honnête ! Pour chaque vendeur de chocolat à la télé, combien de vedettes déchues qui publient leurs confessions intimes (*J'ai sombré dans l'abîme de l'alcoolisme mais je m'en suis sorti*) juste pour se refaire une image ? Combien de politiciens qui se servent de leur autobiographie pour passer leurs idées et mousser leur programme ? Combien de romans-historiques-qui-feraient-une-bonne-série-à-la-télé-moyennant-gros-sous ? Combien de livres pseudo-scientifiques qui n'existent que pour vanter les vertus de tel ou tel produit ou de telle ou telle secte ? Combien de produits littéraires dérivés (les meilleures blagues de l'émission *Machin*, les plus beaux textes de la série *Bidon*) ?

Bref, combien de pubs déguisées ?

En 1979, un sondage Roper démontra que 80 % des téléspectateurs pensent que les pubs constituent un prix raisonnable à payer pour bénéficier du reste de la programmation ; et que les spots publicitaires sont beaucoup plus excitants et beaucoup plus stimulants que toute autre forme de publicité. Pourquoi paniquer, alors ? Pourquoi grimper dans les rideaux si la majorité des gens s'en fout ?

Certains diront que la télé est un médium perfide ; que le diffuseur établit sa programmation en fonction de son public, qu'il étudie ses goûts, ses habitudes de consommation et ses besoins, afin de mieux le séduire. Mais n'est-ce pas ce que fait tout éditeur intelligent ? J'imagine mal Alain Finkielkraut en première page du *Journal de Montréal*, ou une chronique de Claude Poirier en page 5 du *Devoir*. Pierre Péladeau et Lise Bissonnette connaissent trop leurs lecteurs pour faire ça ; ils savent jusqu'où ils peuvent aller, quelles frontières ils peuvent et ne peuvent pas franchir. Ils se sont renseignés sur la situation socio-économique de leurs lecteurs, leurs centres d'intérêt, leur niveau de scolarité, leurs goûts...

La question de l'omniprésence de la publicité à la télévision est une fausse question. Dit-on des éditeurs québécois qu'ils sont à la solde de l'État ? Non. Pourtant, ils ne pourraient pas vivre sans subvention. Alors pourquoi dirait-on des télédiffuseurs qu'ils sont à la solde du capitalisme américain ? Les travailleurs culturels se débrouillent comme ils peuvent pour aller chercher leur fric. Certains vendent du savon, d'autres quémandent au ministre... Chacun son pourvoyeur. Après tout, l'argent n'a pas d'odeur, et les dollars qui sortent du portefeuille de Monsieur Net ou de Madame Avon ne sentent pas plus mauvais que les sous noirs qui tombent des poches de nos gouvernements...

Certains poussent même la mauvaise foi jusqu'à dire que la publicité télévisuelle déforme l'imaginaire des jeunes. C'est le cas de Jacques Godbout (encore) qui, dans *Le Murmure marchand* (toujours), déclare :

« Les adolescents ne sont plus en mesure de comprendre, dans un récit, le retour en arrière. Il leur est strictement impossible de se situer dans un livre dont le temps est morcelé, manipulé, découpé. Pourquoi ? Parce que les récits, à la télévision, les séries et les téléfilms, sont depuis plus de dix ans conçus de façon linéaire. Comment en effet raconter une histoire avec des retours inopinés dans le passé lorsqu'à toutes les huit minutes on doit l'interrompre pour trois minutes de publicité[4] ? »

Il ne faut vraiment pas avoir regardé souvent la télé pour lancer de telles affirmations — en tout cas, pas depuis qu'on y diffuse des images en couleurs. Car les réalisateurs qui travaillent à la télé (surtout les réalisateurs américains, qui sont toujours à l'avant-garde) adorent jouer avec le temps et inventer de nouvelles façons de raconter une histoire. Les exemples d'émissions de télé qui ont fait preuve d'audace et qui ont brisé le moule traditionnel de la narration sont trop nombreux pour qu'on puisse les répertorier in extenso. Contentons-nous d'en citer quelques-unes :

- *L. A. Law, Hill Street Blues* et *Civil Wars*, trois séries hebdomadaires qui ont remporté une flopée de Emmys et captivé des millions de téléspectateurs. Leur créateur, Steven Bochco, est le maître du montage parallèle. Chaque épisode nous racontait trois ou quatre histoires différentes. Les récits s'entrelaçaient sans cesse, certaines histoires se déroulaient sur deux semaines et d'autres sur trois, les personnages secondaires devenaient parfois plus importants que les personnages principaux, la bande son était incroyablement complexe (les dialogues s'enchevêtraient, le bruit de fond enterrait la voix des comédiens), etc. Chaque épisode ressemblait à un mini-film de Robert Altman. Pourtant, les téléspectateurs suivaient. Mieux, ils en redemandaient !

- *Moonlighting*, une comédie policière qui poussait l'art de l'ironie à ses extrêmes limites. Les comédiens interrompaient brusquement leurs répliques pour prendre le public à partie, la caméra abandonnait parfois les acteurs pour se balader dans les coulisses du studio et certains épisodes se déroulaient au Moyen Âge (sans raison apparente). Les créateurs de cette série chamboulaient constamment la logique du récit linéaire.

- *Naked Hollywood*, la série documentaire de la BBC, qui redéfinissait les règles du reportage. Mi-documentaire, mi-essai poétique, cette série sur l'industrie américaine du cinéma (qui n'avait jamais recours à la traditionnelle voix off) demandait au spectateur de faire appel à sa mémoire et à sa connaissance du cinéma. Chaque image en appelait une autre, chaque idée de mise en scène évoquait un film célèbre...

- *Mighty Mouse*, la série animée de Ralph Bakshi, qui flirtait avec l'abstraction graphique, multipliait les perspectives bizarres et s'amusait à briser les règles d'or du récit traditionnel.

- *The Wonder Years*, une série douce-amère qui se déroulait entièrement en flash-back (un homme de 40 ans se remémore sa jeunesse).

- *Late Night with David Letterman* et *The Larry Sanders Show*, qui se moquent allègrement des codes télévisuels, multiplient les mises en abîme et jouent constamment sur le second degré (l'émission dans l'émission, le récit dans le récit, etc.).

- *Twin Peaks* et *Wild Palms*, deux émissions expérimentales qui ont fait jaser l'Amérique entière. Jamais n'est-on allé aussi loin dans l'absurde. Ces deux séries surréalistes regorgeaient de symboles énigmatiques, certains personnages parlaient à l'envers, des animaux apparaissaient et disparaissaient sans raison, le montage étirait démesurément le temps, la caméra virevoltait nerveusement pour cesser tout à coup de bouger, les styles et les époques se juxtaposaient, on passait du passé à l'avenir sans avertissement, la psychologie des personnages défiait toute logique, etc. La structure particulièrement complexe de ces émissions rappelait certains romans de William Burroughs. Cela n'empêcha pas des millions de téléspectateurs de se river à leur petit écran pour essayer d'y comprendre quelque chose. Les ouvriers discutaient de ces émissions à l'heure du lunch, les intellectuels dissertaient sur la signification possible des nombreux symboles...

• Sans oublier les vidéoclips, qui déconstruisent le récit, multiplient les références esthétiques et jonglent avec le temps, la forme, l'espace et la vitesse. Certaines productions font passer les œuvres expérimentales de Jean-Luc Godard pour des mélos de Claude Autant-Lara. D'ailleurs, plusieurs grands noms du cinéma ont réalisé des clips : Martin Scorsese, Julian Temple, Brian De Palma, William Friedkin, Tim Burton et Spike Lee, pour n'en nommer que quelques-uns. L'exercice leur permettait de sortir des sentiers battus et de s'affranchir du carcan narratif. De même, l'esthétique du clip a influencé nombre de cinéastes, dont Francis Coppola, Peter Greenaway, Hal Hartley, Ridley Scott ou Wim Wenders...

Ces productions n'intéressent pas seulement qu'une poignée de téléspectateurs avertis ; elles attirent un très large public. Leur forme bizarroïde stimule la curiosité des gens, capte leur attention, interpelle leur imaginaire.

Contrairement à ce que pense Godbout, les fans du petit écran ne sont pas esclaves de la linéarité. Ils savent ce qu'est un « jump cut », un flash-back, un montage parallèle ; ils sont habitués à jongler avec les styles, à perdre l'équilibre, à se faire tirer le tapis sous les pieds. Pas étonnant : la télé aime la nouveauté. Elle réinvente constamment sa syntaxe et prend plaisir à jouer avec la couleur, le format, le montage.

En 1987, j'ai travaillé à la télévision, pour le compte d'un producteur privé. J'écrivais les textes de *Playback*, une série documentaire qui portait sur la télé. Pendant un an, j'ai rencontré et interviewé des dizaines de monteurs, de caméramen et de réalisateurs. Je n'ai jamais rencontré de gens aussi passionnés. Ils trippaient sur la télé, en mangeaient, en rêvaient. Ils se tenaient au courant des nouvelles technologies, s'amusaient avec le médium, recherchaient constamment de nouveaux trucs, de nouvelles façons de tourner, de monter ou d'éclairer une scène. Ils ne cessaient d'expérimenter avec la forme. Je me croyais parfois à l'Institut cinématographique de Moscou dans les années 20 ou à l'UCLA dans les années 70.

Avant de sauter trop rapidement aux conclusions, les intellectuels devraient mettre leurs préjugés au vestiaire et regarder la télé de plus près. Ils se rendraient compte que l'esthétique télévisuelle ne se porte pas si mal. Comparativement à la plupart des best-sellers qui garnissent les rayons de nos librairies, certaines productions font plutôt bonne figure. Non seulement la majorité des émissions sont bien réalisées, mais il y a plus de trouvailles formelles dans une pub de collants que dans l'œuvre complète d'Arlette Cousture ou de John Grisham.

Et les pubs ne durent que deux minutes. Alors qu'un roman d'Arlette Cousture...

Des études
sans bon sang

En février 1993, à la suite de pressions exercées par de nombreux groupes de citoyens aux quatre coins du Canada, le patron de Super Écran annonça qu'il allait identifier, par un petit carré rouge, les films violents qui seraient diffusés sur son canal de télé payante.

Cinq mois plus tard, c'était au tour des Américains de jouer aux bons samaritains. Dans un geste de bonne volonté, et pour calmer le Sénat qui les menaçait d'une loi sévère, les patrons des quatre plus gros réseaux du pays annoncèrent qu'ils allaient « s'autoréglementer ». Résultat : depuis septembre, les émissions jugées trop violentes sont précédées d'un avertissement.

Fantastique, non ?

Terminée, l'époque où les télé-spectateurs québécois s'écrasaient en toute innocence devant *Massacre à la tronçonneuse* ou *Rambo 3*. Désormais, ils savent à quoi s'attendre. Un joli petit carré rouge les avertit que *Le Crépuscule des morts-vivants* n'est pas une gentille comédie pour toute la famille, mais un film d'horreur sanglant et dégoûtant.

Décidément, on n'arrête pas le progrès...

Une question demeure, cependant : que fera-t-on avec les films bibliques ? *Jésus de Nazareth* regorge de scènes cruelles, et des milliers d'Égyptiens trouvent une mort atroce quand la mer Rouge se referme sur eux dans *Les Dix Commandements*. Fera-t-on précéder ces films d'une indication spéciale : « Ce long métrage contient des scènes brutales, mais elles sont excusées par Dieu lui-même » ?

Et puis pourquoi s'arrêter là ? Pourquoi ne pas interdire la lecture de l'Ancien Testament aux mineurs ? Toutes ces destructions, ces catastrophes, ces orgies... Imagine-t-on l'impact que peut avoir la décapitation de Jean le baptiste sur nos pauvres servants de messe ? Et que dire du chant XXI de *L'Odyssée* d'Homère, lorsque Ulysse déchiquette menu les prétendants de sa douce Pénélope ? Quant à Shakespeare, je n'ose même pas y penser. Pas étonnant qu'il y avait tant de guerres, au xvie siècle. Les gens n'arrêtaient pas de regarder des pièces sanglantes...

Le ridicule de cette situation saute aux yeux. Pourtant, partout en Amérique du Nord, des parents bien-pensants et des éducateurs en manque de cause se regroupent afin de dénoncer « l'omniprésence » de la violence à la télévision. Au Québec, une préadolescente, Virginie Larivière, a même réussi à convaincre près de deux millions de personnes (dont le premier ministre du Canada) que la télévision est directement responsable de la hausse de la criminalité !

Au rythme où vont les choses, Daffy Duck et Bugs Bunny feront bientôt partie de la liste des 10 criminels les plus recherchés...

On dit que l'on compte en moyenne 32 actes violents par heure dans les émissions pour enfants, que 74 % des personnages que l'on trouve dans ces émissions sont victimes d'actes violents, que 3,3 % tuent ou se font tuer et que 56 % commettent des actes violents (étude de l'université de Pennsylvanie). C'est bien beau, tout ça. Mais qu'entend-on par « acte violent » ? Tomber en bas d'un précipice après avoir pourchassé un Road Runner, se transformer en accordéon après avoir reçu un gros caillou en papier mâché sur la tête, tirer sur un méchant extra-terrestre à coups de missiles supersoniques ?

Le chat botté est-il un personnage violent ? Et que dire de la méchante sorcière qui empoisonna Blanche-Neige ? En décembre 1987, un organisme américain, le National Coalition Convention on TV Violence, a étudié de très près le petit écran et est arrivé à la conclusion que

Les Schtroumpfs étaient l'une des émissions les plus violentes à avoir jamais été présentées sur les ondes. Quand je lis de tels rapports, et que je pense à tous les films de Walt Disney, à tous les dessins animés de Tom and Jerry et à toutes les émissions de Batman que j'ai regardés dans mon enfance, je suis surpris de ne pas m'être acheté une mitraillette AK-47, de ne pas avoir fauché un escadron de petits vieux et de ne pas moisir en taule pour le reste de mes jours.

Pourtant, si je me souviens bien, Bruno Bettelheim lui-même, le grand chouchou des parents consciencieux (ceux-là mêmes qui militent contre les effets de la télé entre deux reportages sur Sarajevo), a déjà écrit que les contes de fées violents étaient bénéfiques pour les tout-petits, qu'ils leur permettaient d'apprivoiser la mort, d'exprimer leurs angoisses et de percer les grands mystères de la vie. Alors pourquoi s'énerve-t-on ?

« Oui, mais il s'agit d'une violence fantaisiste, répondent les disciples de Virginie Larivière. Or, la violence à la télé est hyper réaliste. Il est de plus en plus difficile pour les jeunes de faire la différence entre la fiction et la réalité... »

En est-on si sûr ? Les enfants d'aujourd'hui, qui ont grandi entourés d'images, sont beaucoup plus intelligents qu'on ne le croit. L'image n'a plus de secret pour eux ; ils connaissent la plupart des trucs, savent comment les spécialistes des effets spéciaux s'y prennent pour imiter de vraies blessures. Ils ont vu *The Making of Jurassic Park* et *The Making of Terminator 2*, ils connaissent le nom des acteurs et savent comment fonctionne une caméra. Ils ne sont pas aussi naïfs que leurs grands-parents, ils ne mettent pas leur habit du dimanche quand ils s'assoient devant la télé, et ne hochent pas la tête lorsque l'animateur s'adresse à la caméra.

Certes, les dinosaures de *Jurassic Park* semblent bien réels. Mais n'était-ce pas le cas de *King Kong*, en 1933 ? Aujourd'hui, cette vieille maquette en plasticine nous fait rigoler (les adeptes de la censure n'hésiteraient pas à la montrer à leurs enfants), mais à l'époque, elle semblait aussi vivante que le brontosaure de Spielberg. La notion de réalisme varie selon les années. En 1895, les spectateurs se jetaient en bas de leur chaise lorsqu'un train apparaissait à l'écran ; aujourd'hui, cette image n'effraie plus personne. Nous sommes devenus plus conscients, moins dupes. *Friday the 13th* a remplacé le grand-guignol du XIXᵉ siècle. Les enfants ont peur, certes (après tout, c'est la raison pour laquelle ils regardent ce genre de film), mais ils savent que c'est une fiction.

Je repense à mon enfance. Jeune, j'étais fasciné par les monstres. Je ne ratais aucun film d'horreur, je possédais une collection impressionnante de figurines à coller (Dracula, Frankenstein, le Fantôme de l'opéra) et je découpais toutes les photos de créatures bizarres que je pouvais trouver sur mon chemin. J'ai grandi en regardant *L'Homme au masque de cire* (qui me paraissait extrêmement réaliste à l'époque), et j'ai gobé je ne sais combien d'épisodes d'*Auto Patrouille*. J'avais 14 ans lorsque *Jaws* est sorti en salles et je suis allé le voir cinq fois dans la même semaine. Je voulais être policier (ou bandit, selon les jours), je jouais aux cowboys et aux Indiens, et j'avais des revolvers en plastique plein le sous-sol.

Comme les enfants d'aujourd'hui, j'ai probablement vu des dizaine de milliers de meurtres au petit écran entre les âges de 7 et de 14 ans. Or, je n'ai jamais tué personne, et je n'ai pas tendance à saisir un bâton de baseball lorsque les choses ne vont pas comme prévu.

Il faut dire que j'ai grandi dans un environnement équilibré...

Car tel est le fond de la question. Même si je trippais comme un fou sur Batman (je portais une petite cape noire de huit heures du matin à six heures le soir), l'idée de me jeter en bas du sixième étage pour voir si j'allais voler ne m'a jamais traversé la tête. Pourquoi ? Parce que mes parents ne me laissaient pas seuls devant le petit écran. Ils s'intéressaient à ce que je regardais, discutaient avec moi, bref m'éduquaient.

Aujourd'hui, les parents descendent dans la rue et font circuler des pétitions à gauche et à droite pour condamner la télévision. Mais la regardent-ils avec leurs enfants ? Prennent-ils le temps de discuter avec eux ? Non. Ils veulent que la télé cesse de diffuser des images violentes pour qu'ils puissent enfin ploguer leur progéniture devant leur Sony 20 pouces sans ressentir le moindre remords. Les enfants d'aujourd'hui se baladent avec une clé dans le cou ; ils arrivent de l'école et trouvent une maison vide ; ils réchauffent leur repas (seuls), font leurs devoirs dans leur coin (sans supervision parentale) et se débrouillent comme ils peuvent pour passer le temps. C'est ça, le véritable problème, et non la télé.

On dit que le taux de criminalité et de délinquance est en hausse chez les jeunes. Pense-t-on vraiment que c'est à cause de *Mannix* ou de *Miami Vice* ? N'est-il pas venu à l'idée d'aucun statisticien que la pauvreté, le chômage chez les jeunes et le manque d'autorité parentale y étaient peut-être pour quelque chose ?

En mars 1993, la Centrale de l'enseignement du Québec a invité de nombreux éducateurs à participer à un colloque sur la violence à l'école. Quelque 350 enseignants ont répondu à l'invitation — dont 9 spécialistes de la question, qui ont chacun prononcé une conférence. Jacques de Guise, professeur en communications à l'Université Laval, était l'un de ceux-là. M. de Guise a été catégorique : la vraie cause de la violence chez les jeunes n'est pas du côté de la télé et des médias en général. « Il faut prendre en considération des facteurs plus sérieux, a-t-il affirmé. Aujourd'hui, les deux parents travaillent. Les enfants sont laissés à eux-mêmes. Les familles sont souvent désunies. La mode n'est plus à la discipline et à l'acceptation de la frustration, mais au développement des tendances naturelles[1]. »

L'une des études les plus souvent citées par les détracteurs de la télévision a été faite en 1973. Des chercheurs de l'université de Colombie-Britannique ont étudié pendant deux ans le comportement des enfants d'un petit village montagneux qui venait tout juste de se faire câbler. Ils ont découvert que le nombre d'incidents violents dans les classes de première et de deuxième année (morsures, coups, bousculades) avait augmenté de 160 % depuis l'avènement de la télé.

Voilà. Le taux de chômage a-t-il augmenté pendant cette période, les parents étaient-ils plus stressés, le village s'est-il appauvri ? On l'ignore. Le rapport ne s'intéresse qu'à la télé. Je suis sûr que si on avait passé tout le village au crible pendant ces fameux deux ans (les variations de températures, le comportement sexuel des adultes, les habitudes hygiéniques des habitants du village, etc.), on aurait pu tirer quelques conclusions surprenantes — style : la pluie a une incidence directe sur la pousse des cheveux, ou la télé encourage les vieillards à porter leurs dentiers moins souvent. Après tout, on peut faire dire n'importe quoi aux chiffres ; il suffit d'isoler deux ou trois éléments disparates, et les corrélations se mettent soudainement à fourmiller.

Dans *L'enfant devant la télévision des années 90*, un essai qui a été publié voilà deux ans chez Casterman, Mireille Chalvon (responsable des productions jeunesse sur FR3), Pierre Corset (employé à la Direction de la recherche à l'INA) et Michel Souchon (rédacteur en chef adjoint de la revue *Études*) remettent en cause le sérieux des recherches qui prétendent démontrer un lien entre violence télévisée et violence réelle.

Selon eux, aucune enquête statistique n'a réellement démontré un lien de causalité directe entre l'importance des scènes de violence et l'accroissement de la délinquance. On n'a pas pu isoler le phénomène de la télévision de tous les autres paramètres influents. D'autant moins que la télévision a fait irruption dans la vie des gens en même temps que l'urbanisation, phénomène massif qui pèse très lourd sur le comportement des individus[2]...

Ces trois auteurs ne sont pas les seuls à avoir émis des doutes sur la validité de ces pseudo-recherches ; plusieurs spécialistes se sont montrés tout aussi critiques. Malheureusement, leurs objections n'ont pas réussi à mettre un frein à la campagne anti-télé. Chaque année, il continue de se publier toutes

sortes d'enquêtes farfelues sur la télévision, qui n'ont de scientifiques que le
nom.

Vous en voulez, des exemples
d'études bâclées ? En voilà[3].

- En 1956, des chercheurs ont partagé en
  deux une classe de jeunes enfants. Le
  premier groupe a regardé un court
  métrage de *Woody Woodpecker*, et le
  second s'est tapé un dessin animé
  « pacifique » (*Little Red Hen*). Après avoir
  observé les enfants, les valeureux chercheurs en sont venus à la conclusion que
  ceux qui avaient eu le malheur de regarder le vilain oiseau avaient tendance à
  frapper plus souvent leurs petits amis, à
  les attaquer verbalement, à casser leurs
  jouets et à faire du grabuge. (Tout ça,
  après avoir visionné un seul court
  métrage ? Oui, messieurs dames. On se
  demande ce qui serait arrivé si les
  enfants avaient regardé un film de John
  Wayne ; ils auraient probablement
  scalpé leur prof et mis le feu à la
  baraque. Quand je pense à cette étude et
  que je regarde mon petit voisin, j'ai envie
  de m'enfermer à double tour et de
  m'acheter un gilet pare-balles.)

- Après avoir passé quelques jours à comparer diverses statistiques, le professeur
  Brandon Centerwall, de l'université de
  Washington, a remarqué que le taux de
  criminalité au Canada et aux États-Unis
  a commencé à augmenter dramati-

quement à partir de 1955... soit peu de temps après l'apparition massive de la télé dans les foyers. Afin de savoir s'il existait vraiment un lien entre les deux événements, le professeur a décidé de se pencher sur le cas de l'Afrique du Sud, un pays qui a interdit la télé jusqu'en 1975. Il a découvert qu'entre 1975 et 1983, la violence avait effectivement augmenté dans ce pays. Conclusion : il existe un lien entre l'apparition de la télé et la hausse du taux de criminalité.

(Note : si le prof Centerwall avait regardé dans son dictionnaire, il aurait appris que l'Afrique du Sud a longtemps vécu sous un régime raciste ; qu'on ne compte plus le nombre d'émeutes et de manifestations violentes qui ont secoué le pays ; et que les Sud-Africains n'ont jamais manqué de raisons pour se taper sur la gueule. Dommage que la télé n'ait pas fait son apparition en Allemagne à la fin des années 30. Je suis sûr que le prof Centerwall aurait accouché d'une interprétation pas piquée des vers sur la montée de l'antisémitisme à Berlin et l'invasion de la Pologne...)

- En 1983, David P. Phillips, professeur de sociologie à l'université de Californie à San Diego, voulait savoir si la télédiffusion des combats de boxe avait une influence néfaste sur le comportement des Américains. Il s'est donc assis devant son ordinateur, et a scruté à la loupe les taux de criminalité aux États-Unis entre 1973 et 1978. Il a « découvert » que le nombre d'homicides augmentait de 11 % après chaque championnat poids lourd — et ce, pour une période de sept jours. Les chiffres lui ont aussi permis d'établir un lien entre la couleur des victimes et la couleur du boxeur défait : les années où le boxeur qui mordait la poussière était blanc, la majorité des victimes d'homicides étaient blanches ; les années où le boxeur qui se retrouvait au tapis était noir, la majorité des victimes étaient noires. (Mmmm... Et qu'en est-il de la couleur des bobettes des boxeurs ? Les Américains qui se sont fait poignarder trois jours après le championnat poids lourd de 1976 portaient-ils des culottes de la même couleur que celles du boxeur qui venait d'être défait ? Vite, des subventions, pour qu'une équipe de chercheurs répondent à cette épineuse question !)

Les médias, on s'en doute, ont beaucoup parlé de cette étude. Ils se sont faits par contre beaucoup plus discrets lorsque le professeur Phillips a commencé à mettre en doute ses propres conclusions. Pourtant, les questions qu'il se posaient étaient tout aussi intéressantes, sinon plus. « La réalité est extrêmement complexe, déclara-t-il. Quand il pleut, la surface des lacs se trouble et on voit des ronds dans l'eau. Pouvez-vous identifier la goutte d'eau qui a causé ces ronds ? Non, bien sûr. Eh bien, c'est la même chose en ce qui concerne l'influence de la télé sur le taux de criminalité. Tout est interrelié, on ne peut isoler un facteur en particulier. C'est pour cette raison qu'il faut être très prudent quand vient le temps de tirer des conclusions... »

Dans son édition de juillet-août 1993, le magazine « progressiste » *Mother Jones* publia un volumineux dossier sur l'influence néfaste de la télévision. L'auteur, journaliste au *Baltimore Sun*, consacra deux paragraphes à l'étude de Phillips... mais « oublia » de mentionner les hésitations du sociologue. Deux poids, deux mesures ?

Les tenants de la censure collectionnent ce genre d'études. Ils peuvent vous en citer des centaines, des milliers, qui pointent toutes dans la même direction. D'ailleurs, je suis sûr que si on prenait l'argent qui a servi à subventionner ces recherches bidon, et qu'on l'investissait dans la lutte contre le chômage ou dans l'aide sociale, le taux de criminalité dans les grands centres urbains chuterait de façon spectaculaire. Mais voilà, que feraient les chercheurs sans l'affreuse télévision ? Ils se retrouveraient tous sur le carreau et seraient obligés de s'intéresser aux vrais problèmes — des problèmes moins *glamour*, comme le chômage, l'éducation populaire et le fossé qui sépare les classes sociales... Le genre de sujets plates qui condamnent les chercheurs à demeurer dans l'ombre, loin des médias et des grosses bourses.

Tiens, il me vient une idée de recherche. On devrait prendre tous les gens qui ont commis des actes hyper violents (meurtres, viols, vols de banque) et analyser leur alimentation. Je suis sûr qu'on découvrirait que les criminels se nourrissent moins bien que les citoyens honnêtes. On pourrait alors clamer qu'une mauvaise alimentation pousse les gens à devenir violents...

Stupide, cette étude ? J'en conviens, mais pas davantage que les recherches prétendument scientifiques de Phillips, Centerwall et leurs collègues. À force de se concentrer sur un seul et unique facteur, ces pseudo-chercheurs ont fini par ne plus voir l'évidence — à savoir qu'il existe un lien entre la pauvreté, la malnutrition, l'analphabétisme, l'oisiveté et la criminalité. Plus vous êtes pauvre, plus vous avez tendance à mal vous nourrir, plus vous avez de chances d'habiter un quartier difficile, moins vous avez d'éducation, plus vous avez de temps libre, plus vous passez d'heures devant la télé, plus vous accumulez de frustrations et plus vous êtes susceptible de commettre un crime. A-t-on besoin d'un doctorat pour comprendre ça ?

C'est la même chose avec la lecture. Pourquoi pensez-vous que les enfants des quartiers défavorisés lisent moins que les autres ? Parce qu'ils regardent la télé ?

Non. Ils lisent moins parce qu'ils sont moins stimulés, parce que plusieurs d'entre eux vivent des expériences éprouvantes à la maison, parce que leurs parents sont quasi analphabètes, parce qu'on ne les a jamais vraiment encouragés à lire et parce qu'ils ont de la difficulté à se concentrer à l'école. La télé est un symptôme, pas une cause. D'ailleurs, si ces enfants n'avaient pas la télé, ils seraient complètement coupés du monde et quinze fois plus ignorants...

Lorsqu'ils ont fini de nous emmerder avec leurs études, les puritains et autres défenseurs de la moralité publique sortent leur artillerie lourde : les histoires d'horreur. Ils en connaissent des tonnes, toutes plus effrayantes les unes que les autres.

Celle d'Angel Regino, de Los Angeles, qui s'est habillé comme Freddy, le monstre de *Nightmare on Elm Street*, avant d'assassiner un innocent.

Celle de Michael Ryan, de Hungerford en Angleterre, un admirateur de Rambo qui a massacré 16 personnes.

Celle des 35 jeunes Américains qui se sont tiré une balle dans la tête après avoir vu la fameuse scène de roulette russe dans le film *The Deer Hunter*.

Celle de Mark Branch, du Massachusetts, un collectionneur de films d'horreur qui a assassiné une étudiante de 18 ans à coups de machette.

Ou celle du jeune Californien de 13 ans qui a poignardé son voisin et versé du sel dans ses plaies, pour faire « comme à la télé[4] ».

Effectivement, ces crimes sont répugnants — qui peut le nier ? Mais les nombreux meurtres qui ont été commis par de petits groupuscules néo-nazis au cours des dernières années le sont tout autant. Pourtant, personne n'a demandé aux télédiffuseurs de ne plus présenter de documentaires sur Adolf Hitler ou sur la Deuxième Guerre mondiale.

C'est triste, mais c'est comme ça : nous ne vivrons jamais dans un environnement à 100 % sécuritaire. Il y aura toujours des maniaques, des désaxés et des psychotiques. Certains s'inspirent des films d'horreur ; d'autres, du téléjournal ; quelques-uns enfin deviennent fous en feuilletant des magazines de mode, en lisant des « comics » ou en écoutant la radio. Que faut-il faire : censurer les bulletins de nouvelles, les livres d'histoire, les pubs sexy, les films de gangsters, les clips heavy metal et tout autre document susceptible d'exciter les malades ? Pour reprendre la célèbre question de Simone de Beauvoir : faut-il brûler l'œuvre complète de Sade parce qu'elle risque de tomber entre de mauvaises mains ?

Oui, les assassins mentionnés plus haut partageaient une fascination morbide pour la violence ; oui, ils visionnaient des films d'horreur. Mais qu'en est-il de leur enfance ? Si nos bons chercheurs se penchaient sur le passé de ces tristes individus (au lieu de passer leur temps à étudier la télé, une couronne d'électrodes sur la tête), ils découvriraient peut-être qu'ils ont été abusés sexuellement par leurs parents, qu'ils se sont promenés d'un foyer à l'autre pendant toute leur jeunesse, qu'ils ont enduré mille et une souffrances psychologiques, etc.

Les serial killers Charles Manson, Ottis E. Toole et Henry Lee Lucas étaient obligés de s'habiller en petites filles pour aller à l'école ; Gerard Schaefer, un ex-policier qui a tué plusieurs femmes, a grandi dans une secte ultrareligieuse ; Eg Gein, dont l'histoire a inspiré le célèbre film *Psycho*, a été élevé par une fondamentaliste catholique ; Robert Joseph Long, qui a violé 50 femmes et tué 9 d'entre elles, a été abusé sexuellement par sa mère jusqu'à l'âge de 13 ans ; Joseph Kallinger, qui a torturé et mutilé une dizaine d'enfants, se faisait battre à coups de marteau par ses parents, etc.[5] Qu'est-ce qui les a rendus fous, selon vous : la télé ?

Si ça continue, les criminalistes ne plaideront plus l'aliénation mentale, mais l'envoûtement cathodique. « Je m'excuse, Votre Honneur, mais ce n'est pas la faute de mon client s'il a massacré 12 jeunes femmes à coups de bâton de golf : c'est la faute de la télé. C'est elle qui est responsable de tous ces meurtres. Mon client n'a fait qu'obéir à ses ordres. Il était tranquillement assis dans son salon lorsqu'il s'est soudainement transformé en monstre... » Belle façon de déresponsabiliser les criminels. C'est comme si on disait : « Ce n'est pas la faute de mon client s'il a violé ces femmes ; elles n'avaient qu'à ne pas se balader en jupe courte. »

Comme l'écrivait le journaliste Georges Privet[6] :

> Rappelons à celles qui blâmaient David Cronenberg pour le massacre de Polytechnique, et à ceux qui voient Rambo derrière chaque psychopathe, que ce sont les individus et non les films qui tuent les gens. Si le contraire était vrai, *La Grande Illusion* [célèbre film pacifiste de Jean Renoir] aurait aboli les guerres depuis longtemps.

Au début de ce chapitre, je disais que certaines chaînes avaient commencé à identifier les émissions et les films jugés trop violents. Mais je n'ai pas parlé de l'influence qu'a eue cette mesure sur l'industrie de la télévision. Il est pourtant majeur.

Quelques mois après que les patrons de quatre grands réseaux américains eurent annoncé qu'ils allaient désormais avoir recours à un système d'identification spécial (petit carré rouge, avertissements destinés aux parents, etc.), les commanditaires ont commencé à s'énerver. Parce qu'ils ne voulaient pas donner l'impression qu'ils encourageaient la violence, plusieurs d'entre eux ont annoncé qu'ils n'achèteraient pas de temps publicitaire pendant la diffusion d'émissions ou de films classés V (pour Violence). Résultat : plusieurs projets tombèrent subitement à l'eau. Le réseau ABC devait diffuser l'excellent film de Martin Scorsese, *GoodFellas*, précédé d'un avertissement spécial enregistré par le réalisateur lui-même. Mais à la suite de la réaction des publicitaires, ABC changea d'avis et abandonna la diffusion de ce chef-d'œuvre.

Non seulement décida-t-on de remettre la diffusion de certains films aux calendes grecques, mais les réseaux se mirent à demander aux réalisateurs de changer leur fusil d'épaule et d'adoucir leurs émissions pour ne pas offenser leurs annonceurs !

Selon Dick Wolf, producteur exécutif de l'excellente série *Law & Order*, cette décision nous mène tout droit à la censure. « Au début de la saison, nous avons consacré une émission aux terroristes Pro-vie qui bombardent les cliniques d'avortement, a-t-il affirmé à un journaliste du *Time*, en juillet 1993. Or, je ne crois pas qu'on pourrait parler d'un sujet comme celui-là aujourd'hui. Pas avec la pression que nous subissons présentement... »

Ne nous racontons surtout pas d'histoires : si le CRTC, le gouvernement ou les propriétaires de stations de télé se mettent à censurer pour faire plaisir aux parents bleu pastel et aux autres militants « pacifistes », ils ne commenceront pas à couper les cheveux en quatre. Ils ne diront pas :

« Cette scène violente est acceptable, mais pas celle-là. » Ils ne feront pas la différence entre *La Nuit des morts-vivants* ou *Clockwork Orange* : ils vont couper, un point c'est tout. Ils vont calculer le degré de violence au volume d'hémoglobine versé.

Ils ont d'ailleurs déjà commencé à le faire...

À l'hiver 1992, Claude Benjamin, président de la Régie du cinéma (organisme qui scrute chaque film traversant nos frontières pour savoir s'il contrevient à notre code criminel), discutait de la violence dans les médias avec une journaliste de *La Presse*. Au cours de la conversation, M. Benjamin a affirmé le plus candidement du monde que *Le Silence des agneaux*, *Reservoir Dogs* et *C'est arrivé près de chez vous* (trois films qui ont remporté des prix partout dans le monde) « ne peuvent provoquer que répulsion et dégoût » ! Jamais il ne s'est attardé sur la qualité indéniable de ces longs métrages, ou sur le fait qu'ils montraient la violence dans tout ce qu'elle a de plus horrible pour mieux la condamner ; il s'est contenté de calculer la valeur de ces œuvres au poids. Quatre kilos de sang ? Coupable !

Même attitude de la part des gens de Pacijou, un organisme québécois qui lutte contre la violence à la télé et dans les médias en général. Dans une de ses messives, Pacijou condamne *Batman*, le célèbre film de Tim Burton, parce qu'il contient « 41 meurtres très réalistes, 152 coups de fusil, 3 rafales de mitraillette, 23 batailles et 8 accidents d'autos avec blessés ou morts ». Jamais les membres de cet organisme ne se sont prononcés sur la qualité du film ; ils ont sorti leur mini-calculatrice et compté le nombre d'actes violents. Si on appliquait cette méthode à la littérature, on se demande ce qui arriverait aux œuvres de Norman Mailer, d'Edgar Poe ou de Jim Thompson.

Le clergé québécois a censuré *Jeanne d'Arc*, *Les Enfants du Paradis*, *Hiroshima mon amour* et *Quiet Days in Clichy* parce que ces films risquaient de corrompre la jeunesse. Et maintenent les pétitionnaires veulent qu'on adoucisse nos émissions de télé parce qu'elles risquent de transformer nos enfants en guerriers sanguinaires.

Autres temps, même bêtise.

Comme dit le proverbe chinois : « Quand le sage dénonce la misère sociale, l'idiot s'en prend à la télé... »

Démocratie
ou idiocratie ?

« J'étais de tous les combats,
assis devant l'écran
À la fois à Soweto,
en Chine et au Liban... »

NIAGARA

Le 26 septembre 1960, John F. Kennedy et
Richard Nixon, les deux principaux
candidats à la présidence des États-Unis,
participèrent à un débat télévisé. Kennedy
était photogénique : il sembla donc par-
faitement à l'aise et en pleine possession
de ses moyens. Mais Nixon détestait les
caméras et les journalistes. Pire, il ne
s'était pas rasé et suait abondamment. Il
avait le regard fuyant, le teint livide et ne
comprenait visiblement rien au médium
télévisuel. Résultat : le jeune Kennedy usa

de son charme et n'en fit qu'une bouchée. Un mois et demi plus tard, John Kennedy remporta les élections présidentielles avec une majorité de 112 000 voix.

Il n'en fallait pas plus pour que les défenseurs de la démocratie partent en guerre contre le petit écran. « La télé, dirent-ils, corrompt le processus démocratique et rabaisse les politiciens au rang d'animateurs de quiz. Elle privilégie la forme aux dépens du contenu et oblige les politiciens à parler en " sound bites " (petits slogans de 10 secondes facilement compréhensibles). Les téléspectateurs ne s'intéressent pas à ce que nos élus disent, mais à la façon dont ils s'habillent... »

Bref, pour paraphraser le titre du célèbre livre de Neil Postman, *Amusing Ourselves to Death*, la télé « nous divertirait à mort ». Elle nous éloignerait des « vraies » questions, mettrait l'accent sur les personnalités (et non sur les idées), et nous noierait sous un flot continu d'informations inutiles et superficielles.

Trente ans plus tard, le discours des ennemis de la télé n'a pas changé. Ils attirent toujours notre attention sur le nombre de conseillers en images qui travaillent pour nos politiciens, la courte durée des publicités à caractère politique, l'importance du look, l'aspect de plus en plus spectaculaire des congrès, l'apathie des téléspectateurs, la banalisation des enjeux...

Dans   son   essai   anti-télévisuel,

Postman fait grand état du débat qui, le 16 octobre 1854, opposa Abraham Lincoln et Stephen A. Douglas. Ces politiciens, écrit-il, discutèrent pendant plus de sept heures... et ils n'étaient même pas sénateurs ! « Les citoyens considéraient ces échanges oratoires comme une part essentielle de leur éducation politique », conclut Postman[1]. Entendez : c'était la Belle Époque, avant la télé, du temps où les politiciens ne se cachaient pas sous une tonne de maquillage et où les électeurs s'intéressaient aux vrais enjeux.

Ah oui ? Depuis quand la longueur d'un discours est-elle garante de sa pertinence ? Et qui nous dit que les spectateurs ne dormaient pas pendant le discours de Douglas ou celui de Lincoln ? Les événements publics étaient rares, et n'importe quelle occasion était bonne pour sortir de la maison et rencontrer les copains — d'autant plus que ces débats se déroulaient la plupart du temps entre deux fanfares et trois vendeurs de barbe-à-papa...

Demandez à tous ceux et celles qui ont assisté au congrès démocrate de 1992 ce qu'ils ont pensé de l'interminable discours d'Al Gore : ils se sont ennuyés à mourir. Ce n'est pas parce qu'un politicien parle pendant deux heures qu'il aborde nécessairement des sujets importants. Il peut se contenter de faire comme à son habitude, c'est-à-dire tourner autour du pot et multiplier les formules creuses...

D'un côté, Postman critique la télé parce qu'elle ne s'intéresse qu'à la forme. Et de l'autre, il ne parle que de la forme du débat Lincoln-Douglas (sa longueur, le talent des orateurs), passant outre aux idées qui y étaient débattues. Bonjour la contradiction !

Les nostalgiques des débats oratoires et de l'âge d'or de la presse écrite affirment que la télévision déforme la pensée et qu'elle met trop l'accent sur l'apparence. Comme s'il y avait une contradiction entre le corps et l'esprit, le mot et l'image, le discours d'un politicien et le politicien lui-même ! Comme si la caméra ne pouvait aller au-delà et en dessous des apparences, comme si l'image était à jamais prisonnière du mensonge, comme si seul le mot avait le monopole de la vérité...

Pourtant, il suffit de voir Mussolini à l'œuvre dans les vieux films d'archives pour se rendre compte du pouvoir dévastateur de l'image, de sa capacité à démasquer les traîtres, à débusquer les fourbes. À la radio, l'homme pouvait paraître passionné, flamboyant ; mais sur film, Mussolini apparaissait tel qu'il était vraiment : un clown grotesque, un petit chef pathétique, un pantin. Il avait beau manipuler la langue et jongler avec les concepts, son corps, lui, ne mentait pas. Au contraire, il dévoilait sa pensée avec une franchise qui frisait l'obscénité. Au point où on est en droit de se demander si le peuple italien n'aurait pas refroidi plus rapidement ses ardeurs s'il avait pu voir plus souvent son Duce en gros plan... Idem pour Hitler, qui ressemblait à une marionnette de grand-guignol tant il multipliait les grimaces et les gestes grandiloquents...

Et que dire de Richard Nixon ? Regardez à nouveau les extraits du débat qui l'opposa à Kennedy, vous verrez : ce n'était pas seulement son malaise qui transparaissait dans son regard hagard, ni sa haine des caméras, mais aussi — et surtout — sa paranoïa, sa terrible paranoïa qui, 10 ans plus tard, l'amènera à terroriser son entourage, à poser des micros aux quatre coins de la Maison Blanche, à mentir, à voler.

Pas étonnant que les peuplades indigènes aient toujours eu peur des appareils photographiques : la caméra vole effectivement l'âme, elle la déshabille et la jette sur la place publique. La caméra transperce le mensonge comme un rayon X, et imprime sa silhouette en mille, en cent mille exemplaires.

En 1982, Bernard-Henri Lévy discutait du pouvoir de l'image avec un journaliste. Contrairement à nombre de ses confrères qui ne cessent de dénoncer les limites de la caméra, le philosophe en vantait les forces :

> Je ne suis pas très loin de penser que la « télégénie » peut être une vertu intellectuelle aussi grande que le « talent littéraire ». On en dit autant, et on dit des choses aussi importantes, même si ce ne sont pas du tout les mêmes, par un *effet*

de voix que par un *effet de lettre*. (...) Les gens qui font le procès d'une émission comme *Apostrophes* en disant qu'on ne peut pas y exposer dans leur finesse, leur subtilité et leur complexité des thèses neuves ou difficiles enfoncent des portes ouvertes. Ils n'ont pas compris qu'*Apostrophes* n'est pas là pour ça. Si le plateau de Pivot n'est pas une annexe du CNRS, c'est en revanche un formidable révélateur. Si ce n'est pas chez lui qu'on verra jamais quelqu'un inventer en direct une philosophie nouvelle, c'est l'endroit où, en revanche, les discours viennent passer la plus redoutable, la plus terrible et peut-être aussi la plus importante des épreuves : l'épreuve de leur vérité. Combien de penseurs révélés là ! Combien de démasqués, vite, en quelques secondes à peine, qui ne résistèrent pas à l'épreuve de la voix, du corps, de la langue incarnée ! Une émission d'*Apostrophes*, c'est un endroit où, selon la formule de Bataille, on pense comme une fille enlève sa robe. Le seul endroit où on pense avec sa peau, avec son sexe, avec son corps tout entier...[2]

Ce qui vaut pour les écrivains et les philosophes vaut pour les politiciens. Les gens qui accusent la télé de cécité ou de duplicité n'ont jamais vu un discours de Brian Mulroney (qui transpire la malhonnêteté à plein nez), de Pierre Trudeau (qui a le mépris imprimé sur son visage) ou de Jean Chrétien (qui exhale l'imbécillité). Qui oserait dire que la mollesse

idéologique de Robert Bourassa ne transpire pas dans sa gestuelle et sa posture ?
que l'idéalisme naïf de Lucien Bouchard
ne transparaît pas dans son attitude
prêchi-prêcha ? que l'arrogance de Jean
Doré ne nous apprend strictement rien sur
sa conception du pouvoir ? ou que les
harangues hystériques de Guy Bouthillier
(chef du Mouvement Québec français) ne
nous révèlent pas deux ou trois choses
importantes sur l'homme et ses idées ? De
même, le fameux revolver de Jérôme
Choquette nous en a dit beaucoup plus
long sur l'ex-ministre de la Justice que
ses discours ou sa correspondance...
Comme le disait si bien Oscar Wilde :
« Seuls les gens superficiels ne jugent pas
selon les apparences... »

Les intellectuels qui affirment que
le langage télévisuel corrompt le processus
démocratique font preuve de mauvaise foi.
Ils oublient que les télédiffuseurs obéis-
sent à un code d'éthique sévère (tout aussi
sévère que celui qui régit les journaux), et
que les principales stations américaines,
par exemple, ont souvent refusé d'accor-
der du temps d'antenne au président
Reagan, par souci d'équité.

Combien de politiciens se sont fait
taper sur les doigts parce qu'ils ont dit des
bêtises à la télévision, parce qu'ils se sont
contredits ou qu'ils ont brisé leurs pro-
messes devant une caméra ? Quand
Ronald Reagan a dit à la blague qu'il
était prêt à bombarder l'URSS quelques

secondes avant le début d'une conférence de presse, la télé était là ; quand Dan Quayle s'est ridiculisé devant une classe de jeunes Américains en épelant « potato » avec un « e », la télé était là ; quand les sénateurs canadiens ont commencé à transformer le Sénat en cirque à trois pistes, la télé était là. Bien sûr, la télévision peut parfois être utilisée comme véhicule publicitaire par les politiciens. Mais la même chose n'arrive-t-elle pas aussi aux journaux ? Que je sache, les reporters qui travaillent au petit écran n'ont pas le monopole de l'erreur et de la bêtise. Ce n'est pas parce qu'un journaliste manie un crayon plutôt qu'une caméra qu'il est nécessairement plus intelligent et plus consciencieux. Il est aussi facile pour un politicien de mentir dans une salle de rédaction que sur un plateau de télé. Le maire Jean Doré se fout du médium : il peut passer sa salade autant à *La Presse* qu'à TVA ; la seule différence est que ses propos occuperont quatre colonnes en page A3 plutôt que quatre minutes d'antenne aux heures de grande écoute. Les quotidiens ne sont pas au-dessus de tout soupçon : ils peuvent être — et ils ont déjà été — des instruments de propagande tout aussi efficaces, tout aussi superficiels et tout aussi mensongers que la télé.

En 1983, le gouvernement républicain décidait d'envahir la Grenade. Le président Reagan craignait que cette décision ne soulève l'ire des Américains ; après tout, la Grenade est une petite île anodine, et rien ne justifiait une telle intervention. Qu'a-t-il fait, alors ? Il a formellement interdit la présence de téléreporters sur l'île des Antilles, afin que la population ne sache pas ce qui s'y déroule. Résultat : l'invasion est passée comme du beurre dans la poêle, et Reagan est sorti grandi de l'expérience. L'armée américaine a eu recours à la même méthode pendant la Guerre du Golfe ; elle a « pris en charge » les caméramen, et leur a interdit de s'approcher des zones de combat.

La première chose que les dictateurs font lorsqu'ils renversent le gouvernement d'un pays est de mettre la main sur la télé. Pas étonnant : ils connaissent le pouvoir de l'image et savent que la meilleure façon de tuer la démocratie est de museler la télévision — ou, mieux encore, de la contrôler, de l'utiliser afin de propager la « Bonne Nouvelle ». On dit souvent que la télé est sensationnaliste, qu'elle se nourrit de sang et de larmes, et qu'elle nous rend insensible à la douleur tellement elle nous montre d'atrocités. Mais que serait-il arrivé si la guerre du Viêt-nam n'avait pas été télédiffusée en direct, à l'heure du souper ? Gageons que le gouvernement américain aurait été beaucoup moins prompt à retirer ses troupes de ce bourbier et que des milliers d'autres Américains auraient péri pour rien.

De même, la télé a joué un rôle essentiel dans la libéralisation des pays de l'Est.

Bien sûr, l'économie de l'URSS était dans un état lamentable, et les pays communistes n'avaient d'autre choix que de s'ouvrir au monde s'ils voulaient survivre. Mais l'argument économique n'explique pas tout ; la terreur communiste a également été vaincue par des images et par des sons. Grâce à la télé, les jeunes Hongrois, les jeunes Roumains et les jeunes Allemands de l'Est pouvaient voir ce qui se passait là-bas, de l'autre côté du rideau de fer. Et les images qui leur parvenaient d'Occident (ces pubs, ces films, ces mini-séries que nos intellectuels n'hésitent pas à dénigrer) rendaient leur emprisonnement encore plus cruel, encore plus injuste. Ils voyaient tout ce dont les leaders communistes les avait privés pendant tant d'années, tout ce qu'on leur interdisait. Ils ont donc voulu traverser la vitrine... et ont pris d'assaut le mur de Berlin.

Dans les années 80, des militants sud-africains importèrent secrètement des documentaires étrangers afin de montrer à la population ce qui se passait réellement dans leur pays. En 1986, la retransmission de ce qui se passait aux Philippines obligea le gouvernement Reagan à revoir sa politique extérieure et à retirer son appui au président Marcos. En 1989, des étudiants tchécoslovaques installèrent des écrans de télé dans les rues de Prague et diffusèrent des discours de Vaclav Havel. En 1990, des étudiants thaïlandais firent circuler des vidéos de la BBC qui attaquaient le régime en place et dénonçaient la brutalité de l'armée. En 1991, des artistes qui s'opposaient à l'intervention américaine au Moyen-Orient produisirent *The Gulf TV Project*, une série pacifiste qui fut diffusée un peu partout à travers le monde. Etc.

Et que dire du rôle qu'a joué la télévision pendant la révolte des étudiants chinois, en juin 1989 ? Les journalistes des médias écrits ont sans aucun doute fait un énorme boulot pendant ces quelques jours, interviewant sans relâche leaders du mouvement étudiant et spécialistes de la Chine communiste. Mais c'est une image télé (celle d'un petit Chinois se tenant courageusement debout devant une colonne de tanks, sur la place Tien Anmen) qui a enflammé l'imaginaire, sensibilisé l'opinion mondiale et redonné un nouveau souffle au mouvement de contestation.

On parle souvent du « village global », de la nouvelle conscience planétaire et du rapprochement des peuples. Or, quel média a permis l'émergence de ce nouvel état d'esprit sinon la télévision ? La télé met l'accent sur ce qui nous unit, elle détruit les préjugés et nous montre que nous sommes tous pareils, tous semblables. Grâce à la télé, le regard désespéré des mères biafraises a traversé les frontières et ému les citoyens du monde entier ; l'enfer yougoslave ne s'est pas déroulé derrière des portes closes (comme l'auraient souhaité les dirigeants de l'armée serbe) ; et de jeunes Américains ont pu dialoguer avec de jeunes Russes, via satellite. La télé force les gens à sortir de leur patelin et à élargir leur vision du monde ; elle ouvre leurs fenêtres toutes grandes et les oblige à connaître les Autres. En même temps, elle consolide l'identité nationale en permettant aux citoyens d'un même pays de voir les mêmes choses au même moment. Jamais les Américains ne se sont sentis aussi unis que lors de la télédiffusion — en direct — de l'assassinat de John F. Kennedy ou celle de l'explosion de la navette spatiale Challenger. Pendant quelques jours, le pays est devenu tout petit. Les Noirs et les Blancs, les pauvres et les riches, les New-Yorkais et les Californiens ont oublié leurs différences et se sont serré les coudes. Soudainement, il n'y avait plus 10 groupes ou 20 tribus aux États-Unis, mais un seul et même peuple ; un peuple solidaire, uni dans la tristesse et inquiet pour son avenir. Les Québécois ont partagé la même émotion lorsque Radio-Canada a annoncé la mort de René Lévesque. La nouvelle a pris tout le monde par surprise, autant les nationalistes convaincus que les fédéralistes acharnés. La nature de l'événement dépassait le simple cadre politique. Pour une rare fois, six millions de Québécois avaient l'impression de tourner en même temps une page de leur Histoire...

Les ennemis du petit écran se gourent : ce n'est pas l'omniprésence de la télévision qui menace la démocratie, c'est son absence. Comme l'écrit Germain Dagognet dans *Le téléspectateur n'est pas un légume*, « le premier ennemi extérieur d'une dictature est l'image transportable ». C'est la raison pour laquelle les leaders de la Révolution islamique en Iran ont interdit la vente d'antennes paraboliques (qu'ils appellent « paradiaboliques ») : pour garder le peuple dans l'ignorance, pour le couper du reste du monde et le « protéger » de toute contamination venant de l'extérieur, c'est-à-dire de l'Occident... (Coïncidence inquiétante : en mars 1993, lors des audiences du CRTC sur l'avenir de la télévision au Canada, des citoyens, des câblodistributeurs et des regroupements d'artistes ont demandé au gouvernement fédéral d'interdire la vente de satellites domestiques afin de protéger la culture canadienne. Le nom qu'ils avaient choisi pour ces engins « colonialistes » ? Les étoiles de la mort. A-t-on peur que la compétition américaine ne vienne « salir » l'âme des Canadiens ?)

En plus de lever le voile sur les horreurs qui se déroulent outre-mer, la télé peut nous ouvrir les yeux sur nos propres injustices. Dans les années 50, le sénateur américain Joseph McCarthy organisa une véritable chasse aux sorcières. Sa phobie anticommuniste fit trembler le pays au grand complet... jusqu'au jour où les télédiffuseurs décidèrent que la farce avait assez duré. Le 20 novembre 1953, Edward Murrow et

Fred Friendly, deux journalistes du réseau CBS, présentèrent le premier d'une longue série de reportages dénonçant le zèle, la folie paranoïaque et les méthodes douteuses du sénateur du Wisconsin. Le 9 mars 1954, soit quatre mois plus tard, Murrow et son équipe diffusèrent des images inédites de McCarthy. Pendant plusieurs minutes, des millions d'Américains purent voir le sénateur à l'œuvre. La diffusion de ce document révélateur porta un coup fatal à la réputation du politicien. Ces reportages, de même que la diffusion des audiences du Comité présidé par McCarthy, eurent raison du bonhomme. Blâmé par le Sénat et désapprouvé par le parti républicain, il dut tirer sa révérence et dissoudre son terrible comité...

Dans *Le Pouvoir sur scènes,* un ouvrage qui a fait grand bruit dans les milieux intellectuels, le sociologue et anthropologue français Georges Balandier tire à boulets rouges sur la télévision. Selon lui, le goût de la télé pour la mise en scène et le spectacle affaiblit l'exercice de la démocratie et transforme nos vénérables institutions en cirques à trois pistes. « Les campagnes politiques prennent l'aspect d'un paysage de fête populaire, de kermesse, où les candidats occupent la place des rock-stars avec un accompagnement de vedettes du music-hall, tonne-t-il. Le mal démocratique, aujourd'hui, c'est l'anesthésie cathodique de la vie politique[3]. »

On comprend le malaise que ressent l'anthropologue face à cet étalage de gadgets et de froufrous qui travestissent la plupart de nos rassemblements politiques ; après tout, nous n'élisons pas nos chefs d'État pour qu'ils nous divertissent. Mais est-on bien sûr que la politique se porterait mieux si elle ne se mettait pas régulièrement en scène ? J'en doute. Personnellement, lorsqu'il est question de politique, je préfère en avoir plein la vue — au risque d'être écœuré — que de ne rien voir. J'ai toujours pensé que le vacarme est préférable au silence, et que le spectacle, même le plus grotesque et le plus clinquant, est moins inquiétant que le retrait, l'absence et le secret. Certes, nos élus utilisent souvent la « machinerie théâtrale » pour manipuler l'électorat et lui jeter de la poudre aux yeux. Mais les leaders politiques qui fuient systématiquement les projecteurs sont-ils plus honnêtes pour autant ? Méritent-ils davantage notre confiance ?

Les ennemis de la télé voudraient que les politiciens délaissent de plus en plus l'image pour revenir à « l'essentiel », c'est-à-dire aux mots. Ils oublient qu'en politique, l'emballage trahit souvent plus qu'il ne cache. Autant nos élus se révèlent dans leur façon de parler et de se comporter en public, autant leurs façons de se mettre en scène nous en disent long sur leur conception du pouvoir. Il suffit de regarder leur performance avec un certain recul...

Le jeu de lumière élaboré qui éclairait le ministre Marc-Yvan Côté lorsqu'il présenta sa réforme du système de santé, en décembre 1991, nous a révélé autant de choses sur le bonhomme que ses meilleurs discours. Idem pour l'énorme party d'adieu à Brian Mulroney qu'organisa le Parti conservateur en juin 1993, au plus fort de la récession. Et que dire du Parti québécois qui, lors de son plus récent congrès, eut recours aux services d'un magicien pour réchauffer les ardeurs de ses délégués ? Debout sur la scène, le prestidigitateur sortit un drapeau du Québec de son chapeau, sous les applaudissements nourris de la foule. Ce petit truc de passe-passe (qui semble dire que l'indépendance du Québec peut se faire d'un simple coup de baguette magique) ne vaut-il pas son pesant de mots ?

Il y a deux façons d'étouffer la démocratie : faire disparaître les caméras ou les mettre entièrement au service de l'État. Notre système ne tombe ni dans l'un ni dans l'autre excès ; nous n'avons donc rien à craindre pour le moment. Au lieu de dénoncer la télé, les intellectuels alarmistes devraient plutôt demander qu'on élargisse son champ d'action. Par exemple, pourquoi n'accepte-t-on pas les caméras dans les tribunaux (avec l'assentiment des principaux intéressés, bien sûr) ? On pourrait ainsi mieux évaluer la qualité de nos juges et de nos avocats... Gageons que s'ils siégeaient devant une caméra, nos juges y penseraient peut-être à deux fois avant de se moquer d'un témoin ou de lancer une remarque sexiste.

Aux États-Unis, le juge en chef de la Cour suprême et le ministre de la Justice doivent défendre leur conception de l'État devant les caméras avant d'être nommés officiellement. Pourquoi n'agit-on pas de la sorte avec l'ensemble de nos élus ? Je rêve du jour où la majorité des débats politiques seront télédiffusés (c'est chose faite aux États-Unis, où le canal C-Span retransmet la plupart des assemblées à connotation politique). Après tout, ces gens nous représentent ; nous avons le droit de savoir ce qu'ils pensent, ce qu'ils font et ce qu'ils disent.

J'entends déjà les objections : « Mais il est fasciste ! Il veut nous mener tout droit dans les bras de Big Brother ! » À ceux et à celles qui ont été impressionnés par la lecture de *1984*, j'aimerais faire remarquer 1) qu'il y a une différence entre le gouvernement qui surveille les citoyens, et les citoyens qui surveillent le gouvernement ; et 2) que si un quidam n'avait pas filmé l'attaque des flics de Los Angeles contre Rodney King — et si la télé n'avait pas diffusé ces images aux quatre coins du monde —, cet « incident » serait passé complètement inaperçu. Je ne parle pas de placer des caméras dans les usines pour contrôler le rendement des ouvriers ; mais de permettre la télédiffusion d'événements qui sont susceptibles d'avoir un effet important sur l'ensemble de la population, pour que l'on puisse participer encore plus activement au processus démocratique.

Dans son livre *L'Extase de la télévision*, Jacques Piveteau affirme que celle-ci menace dangereusement la démocratie parce qu'elle favorise l'individualisme à outrance, qu'elle centralise l'information, qu'elle chloroforme les esprits, qu'elle nous empêche de penser et qu'elle nous fait perdre la mémoire. « Il n'y a pas de plus sûr moyen pour endormir les citoyens que la télévision, écrit-il. La télé affaiblit la démocratie alors qu'elle prétend la fortifier[4]. »

La portée de cette affirmation vaut la peine qu'on l'analyse en détail, point par point.

1) La télévision divise les gens

C'est l'argument préféré des sociologues : la télé menace les relations conviviales, les gens restent chacun dans leur coin et plus personne ne se parle. On a dit la même chose à propos des fax, des téléphones, des mini-ordinateurs, des jeux vidéo et des walkman. Que faut-il faire : organiser de grosses réunions de famille, danser des sets carrés, s'asseoir à 37 autour d'un feu de camp et se raconter des légendes comme dans le bon vieux temps ? L'éclatement de la société est un phénomène général, qui va s'accentuant : les familles sont plus petites, les gens travaillent de plus en plus à la maison, les occasions de se rencontrer se font plus rares, la cohésion sociale n'est plus ce qu'elle était... La télé est-elle la seule responsable de cet état de fait ? Bien sûr que non. Et puis pourquoi faudrait-il absolument être nostalgique du temps où tout le monde se marchait sur les pieds, où l'on ne pouvait pas faire ce qu'on voulait sans que tout le village le sache, où l'individualisme était étouffé, méprisé, attaqué — où la terre (c'est-à-dire l'espace physique, le terroir, le territoire) était le seul lieu de rencontres possible ? L'individualisme n'a pas que des défauts ; il a aussi ses charmes. Comme l'affirme l'anthropologue Bernard Arcand dans *Le Jaguar et le Tamanoir* :

> On a trop peu dit à quel point le baladeur représente une ouverture sur le monde planétaire de la musique, combien les conférences télévisées sont plus intéressantes que les conversations d'un grand-oncle et à quel point l'isolement moderne constitue en fait une libération de la tyrannie des proches et une mise en relation avec l'humanité entière[5].

Et puis, il y a individualisme et individualisme. L'informatique et la télématique ne détruiront pas la scène sociale ; elles la transformeront, feront apparaître de nouvelles formes de sociabilité, d'autres manières de se rencontrer, de discuter et de se regrouper.

Prenez la télé, par exemple. Le 15 avril

1993, *Le Devoir*, sous la plume de Paule des Rivières, publiait les résultats d'un sondage BBM sur les habitudes d'écoute de la télévision au Canada. La journaliste nous apprenait que « l'écoute de la télévision est de plus en plus une activité sociale, à laquelle l'on s'adonne à l'extérieur de la maison. Les gens se réunissent chez un ami pour regarder une émission spécifique ou, plus simplement, regarder ce qu'il y a à la télévision... » En fait, dans la période sondée, c'est-à-dire entre le 8 et le 15 mars 1993, plus de un Canadien sur quatre avait regardé la télévision à l'extérieur de son foyer. « De plus en plus de Canadiens regardent la télé dans des endroits publics ou chez des amis, soulignait M. Robert Langlois, vice-président de BBM. Cela coûte moins cher qu'au cinéma, l'émission choisie dure souvent moins longtemps qu'un film et, en prime, on peut parler. Il ne fait aucun doute que la prolifération des occasions de regarder la télé est en pleine croissance, autant individuellement, à la maison, qu'en groupe, à l'extérieur. »

Non seulement les gens regardent de plus en plus la télé en groupe (ils se réunissent pour regarder le *Bye Bye* annuel, la remise des Oscars, le résultat des élections, les débats politiques, le gala de l'ADISQ, etc.), mais ils en parlent. Ils discutent des émissions qu'ils ont vues la veille, échangent leurs points de vue sur tel ou tel reportage, débattent des sujet de l'heure, etc. La télé rapproche des gens qui, autrement, ne se seraient peut-être jamais parlé. Les intellectuels qui affirment que la télé est un « disjoncteur social » (le mot est de Michel Lemieux) n'ont jamais vu une émission de *Droit de parole*, de *Zone X* ou de *Mongrain de sel*. Ces forums cathodiques rassemblent les citoyens comme peu de médiums peuvent le faire. Pendant quelques minutes, des vedettes, des spécialistes, des porte-parole, des politiciens et des citoyens ordinaires peuvent discuter à chaud d'un tas de sujets, allant de l'avenir du Bloc québécois à l'état de notre système de santé, en passant par le racisme, le sida et les agissements de nos soldats à l'étranger. On peut dire aussi la même chose sur les talk-shows à caractère psycho-sociologique (*Parler pour parler*, *Claire Lamarche*, *Donohue*, *Oprah*). Pour la plupart des intellectuels, ces émissions — qui traitent généralement de sujets tabou comme l'inceste, l'homosexualité et le divorce — sont risibles, voire même pathétiques. Mais pour de nombreuses personnes, elles ont un impact extrêmement positif. Comme l'écrit Elayne Rapping dans *The Looking Glass World of Nonfiction TV*, elles permettent aux individus en difficulté d'exprimer leurs angoisses, d'obtenir un soutien, de partager leur douleur, de rompre leur solitude et de se rendre compte qu'ils ne sont pas tout seuls à se débattre avec tel ou tel problème[6]. Bref, ces talk shows permettent à des milliers de personnes d'échapper pour un temps au provincialisme et à l'hypocrisie morale qui caractérisent trop souvent les petites communautés tricotées serré.

La télé réinvente la vie communautaire, elle la transpose dans un autre lieu, moins étroit, plus vaste. Elle a remplacé les cafés de la place et les parvis d'église par un réseau hyper complexe de communication. Elle est le nouveau lieu d'échanges, de rencontres, de débats. On l'utilise pour vendre sa Chevrolet 78, rencontrer l'âme sœur, émettre son opinion sur la peine de mort, planifier ses sorties, dénoncer une situation scandaleuse dans sa municipalité, discuter d'un sujet controversé... Certes, cette forme de communication (par fax, téléphones et écrans interposés) paraît bien froide comparativement aux discussions et aux réunions d'antan. Mais tout comme l'individualisme, qui nous délivre de « la loi du sang et de l'emprise étouffante des racines », la froideur a aussi ses vertus. Comme l'a écrit Bernard-Henri Lévy en 1987 :

> Loin d'être la catastrophe qu'on nous prédit, cette froideur est peut-être, à l'inverse, une chance et un progrès. Une sociabilité refroidie ? Une sociabilité non seulement allégée mais tempérée — où l'on a fait l'économie d'un certain nombre de tentations. La tentation collective, par exemple. L'enthousiasme communautaire excessif. L'ardeur des

hommes à se mettre en foule, à ne penser qu'à travers la foule. Froideur civilisée contre fièvres et chaleurs barbares[7].

Certains intellectuels trouvent que les émissions d'affaires publiques sont vulgaires, grotesques et populistes. Effectivement, le langage des auditeurs de *Mongrain de sel* n'était pas toujours aussi soigné que celui qu'on utilise dans les pages d'idées du *Devoir*, et les propos que l'on peut entendre dans le cadre de certaines émissions ne volent pas toujours très haut. Et alors ? L'opinion de la masse ne compte-t-elle pas ? Les intellectuels seraient-ils les seuls à avoir le droit de penser, de débattre et de s'exprimer ? Faudrait-il nettoyer les ondes et ne donner la parole qu'aux gens « éclairés » ? Les défenseurs de la liberté d'expression ne nous ont jamais promis un jardin de roses. Et à ce que je sache, lorsqu'il y a des élections, tout le monde a le droit de voter.... même les abonnés du *Journal de Montréal*. Le vote de Mme Boileau pèse aussi lourd dans la balance que celui de Jean Larose ; son opinion est donc tout aussi importante. Au lieu de se prendre pour Robespierre, les intellectuels (qui ont appuyé Staline, Mao, Castro, Hoxha et leurs copains, pour ne nommer que ces joyeux lurons) devraient plutôt descendre de leur piédestal et se frotter un peu au peuple. Ils apprendraient trois ou quatre vérités qui pourraient leur être utiles —

dont celle-ci : la démocratie n'a pas besoin d'universitaires pour exister, d'encre pour se bonifier ou d'images pour se pervertir.

2) La télévision centralise le savoir et l'information

C'est la thèse de Noam Chomsky : attendu que la télé est un médium coûteux, et que seuls les riches Occidentaux de race blanche peuvent la contrôler, nous pouvons conclure sans l'ombre d'un doute que le petit écran ne diffuse rien d'autre que le discours officiel des grands de ce monde. Hors de l'impérialisme et des grosses corporations, point de salut pour le discours cathodique.

L'équation est romantique à souhait (après tout, qui n'aime pas les complots ?). Mais elle a aussi le défaut d'être fausse.

En effet, la télé n'a jamais été aussi libre qu'aujourd'hui. Non seulement les grands réseaux ont-ils perdu leur sacro-saint monopole (CBS, NBC et ABC, par exemple, doivent partager leur « part du butin » avec de nombreux télédiffuseurs indépendants), mais on ne compte plus le nombre de stations spécialisées qui ont vu le jour au cours des dernières années. Il n'y a plus un discours unique, il y en a plusieurs. Le téléspectateur américain n'est plus l'esclave des réseaux multimilliardaires ; il peut capter des chaînes spécialisés dans les clips, les émissions sportives, l'information, les émissions pour enfants, les documentaires, les talk-shows, les émissions érotiques, les classiques du cinéma, la météo, les émissions littéraires et les documents à tendance progressiste (comme ceux diffusés sur le réseau PBS, par exemple). La programmation est hyper éclatée. Contrairement aux réseaux traditionnels, qui doivent rejoindre le plus de gens possible pour survivre (d'où la prolifération d'émissions pour toute la famille), ces réseaux spécialisés peuvent se permettre de choisir leur clientèle. Ils sont moins gros, moins riches, plus flexibles et plus audacieux. Ils ne sont pas condamnés à répéter une formule qui a fait ses preuves. Ils peuvent sortir des sentiers battus, quitte à s'aliéner une partie du grand public ; de toute façon, ils savent que leur vrai public (les fidèles, les fans, ceux qui n'ont jamais rien vu de semblable ailleurs et qui se reconnaissent dans leurs émissions) suivra...

L'émergence de ces petites stations a permis de décloisonner le discours de la télévision, de le faire exploser. Les émissions les plus progressives de la télé américaine ont d'ailleurs presque toutes débuté sur des chaînes indépendantes : *Married... with Children*, la sitcom le moins traditionnelle de l'heure (on y parle d'alcoolisme, d'infidélité, de sexualité adolescente, de chômage) ; *Arsenio Hall*, un talk-show qui, chaque soir de la semaine, fait la promotion de la culture afro-américaine ; *The Garry Shandling Show*, qui nous fait pénétrer dans les coulisses de la télévision ; etc. Grâce à la prolifération des chaînes spécialisées, d'autres points de vue se font entendre : celui des minorités raciales et linguistiques, celui des jeunes, des vieux... Si ce n'avait été de l'émission *Yo !*, par exemple, qui est diffusée sur les ondes de MTV (l'équivalent américain de MusiquePlus), la culture Hip Hop ne serait jamais sortie du ghetto, et des films comme *New Jack City* et *Boyz N the Hood* n'auraient jamais trouvé preneur à Hollywood. Et que dire de MusiquePlus, qui a littéralement fait exploser le milieu de la vidéo au Québec ?

Il faut aussi compter avec les télés communautaires[8]. En Australie, Ernabella Television et Imparja TV desservent les populations aborigènes. En Nouvelle-Zélande, une station s'adresse au peuple maori. En Catalogne, on compte une centaine de chaînes communautaires. Au Brésil, il y a une vingtaine de stations de télé éducative. En Inde, une station appartenant à une association de travailleuses autonomes témoigne du quotidien des agriculteurs et des petits commerçants. Au Zimbabwe, la station ZTV produit des mini-séries domestiques. Dans le Grand Nord canadien, les Inuit peuvent regarder des émissions dans leur langue.

Finalement, on ne peut passer sous silence l'arrivée sur le marché des caméras vidéo portatives. Ces petits appareils, qui coûtent de moins en moins cher et qui sont faciles à manier, sont en train de révolutionner le monde de l'information. Ils démocratisent l'exercice du journalisme (ce n'est pas un journaliste de NBC ou de CBS qui a filmé l'attaque contre Rodney King, mais un simple citoyen). Ils donnent la parole à ceux qui n'en ont pas (grâce aux caméscopes, des Palestiniens ont pu faire entendre leur point de vue à l'émission *Palestinian Diaries*, en Angleterre). Ils nous permettent de découvrir des réalités parallèles (un sidéen, un exilé albanais, une femme souffrant de la maladie d'Alzheimer et des enfants vivant dans les ghettos noirs de New York ont diffusé leur journal électronique à l'émission *Frontline*). Et ils ouvrent la porte de la télécommunication aux pays en voie de développement (les producteurs de l'émission *South*, à Londres, prêtent régulièrement des petites caméras à des réalisateurs africains, brésiliens ou guatémaltèques pour qu'ils puissent rendre compte de la réalité socio-politique de leur pays).

Centralisatrice, la télé ? De moins en moins. Elle a plutôt tendance à se décentraliser et à briser les vieux cadres économiques, politiques et culturels qui la retenaient captive. Comme les nomades, elle suit le mouvement des masses et installe ses caméras partout où elle voit un marché — que ce soit en pleine jungle équatoriale ou au cœur même de Moscou.

Quant à ceux qui, comme Noam Chomsky (« le plus médiatisé des penseurs anti-médiatiques »), voient dans le réseau CNN l'incarnation d'un Big Brother *made in USA*, je leur propose de méditer cette petite phrase d'Alfredo Valladao, auteur de l'essai *Le XXIe siècle sera américain* :

> Quand la chaîne mondiale d'informations CNN juxtapose des images venant des quatre coins de la Terre, elle ne se livre pas à une manipulation pour délivrer un message « pro-américain ». Elle ne fait que démontrer que le monde est désormais interdépendant et en voie d'internationalisation, à l'instar de l'Amérique elle-même[9].

3) La télévision endort les esprits

Dans *Les Nouveaux Pouvoirs*, Alvin Toffler raconte une anecdote fort intéressante. Le 30 juin 1988, à Victorville, près de Los Angeles, six policiers se pointèrent sur les lieux d'un party et matraquèrent cinq Mexicains sous prétexte qu'ils faisaient du tapage. À quelques mètres de là, un voisin sortit sa caméra et tourna toute la scène.

Quelques jours plus tard, le film fut projeté devant la communauté latino de la ville. La rumeur publique s'enfla, des centaines de Mexicains organisèrent des marches de protestation et un procès fut intenté contre les policiers, en présence du consul mexicain à Los Angeles, qui descendit à Victorville juste pour suivre les débats. Après quelques semaines, une cour fédérale donna raison aux Mexicains et leur versa une indemnisation de un million de dollars[10].

Comme somnifère social, on a déjà vu mieux...

Dites-moi : si la télé endort les esprits, pourquoi les politiciens, militants, prophètes et porte-parole de tout acabit font-ils des pieds et des mains pour passer devant les caméras ? Pourquoi les dictateurs musèlent-ils la télé ?

À la fin des années 70, la télé américaine diffusa *Holocaust*, la première grande série de fiction à traiter de la Shoah, le génocide des Juifs[11]. Cette série spectaculaire, qui mettait en vedette Meryl Streep et James Woods, remporta un énorme succès partout où elle fut présentée. Quelques jours après la diffusion du dernier épisode, de nombreux chercheurs évaluèrent l'impact de la série auprès du public. Les résultats de leur enquête (publiée dans un numéro de la revue *International Journal for Political Education*) démontrèrent que des milliers de spectateurs à travers le monde avaient appris l'existence de la « solution finale » en regardant *Holocaust*. En Allemagne, la diffusion de la série provoqua de nombreux débats ; pour la première fois, des Allemands de tous les âges et de tous les milieux discutaient librement de leur passé. À Sidney, un sondage mené auprès de 60 étudiants du secondaire affirma que la présentation de *Holocaust* avait aidé les jeunes Australiens à mieux comprendre ce qui s'était passé lors de la Deuxième Guerre mondiale. En Angleterre, le très sérieux *Economist* écrivit que la série *Holocaust* « avait réussi ce que plusieurs documentaires de très grande qualité avaient tenté en vain de faire : provoquer un débat urgent sur une tranche d'Histoire qui n'a jamais fait l'objet de véritables discussions, même après 34 ans ».

Quelques années plus tôt, la mini-série *Roots* avait eu le même impact et sensibilisé des millions de personnes aux affres du racisme. Plus de 130 millions d'Américains avaient regardé l'un des huit épisodes de la série, et l'épisode final avait attiré un nombre record de 80 millions de téléspectateurs ! Le succès remporté par cette série fut tel que 230 collèges et universités décidèrent d'inclure cette magnifique série dans leurs cours.

C'est ça, endormir les esprits ?

En fait, si j'avais un reproche à faire à la télé, ce serait tout le contraire. Je dirais que la télé ne nous laisse jamais tranquilles. Pas une heure, pas une minute sans qu'elle se sente obligée de nous sensibiliser à tel ou tel problème. « Combattez le racisme, cessez de boire au volant, aimez vos enfants, faites de l'exercice, surveillez votre alimentation, allez au théâtre, allez au cinéma, allez au concert, écrivez à votre député, faites-nous part de votre opinion, n'oubliez pas d'aller voter, visitez la Gaspésie, faites un tour au salon de l'auto, cuisinez des petits plats, consultez votre avocat, arrosez vos plantes d'intérieur, sautez sur place en agitant les bras, et hop ! hop ! hop !... »

Jusqu'aux émissions pour enfants qui versent dans la « conscientisation ». Terminée la belle époque des *Fanfreluche*, *Piccolo* et autres *Monsieur Surprise* inoffensifs : aujourd'hui, la télé veut former des citoyens responsables et éveillés ! Alors elle apprend aux bambins à calculer, à parler, à écrire. Elle leur dit d'être gentils avec le Chinois d'en face et l'homosexuel d'à côté, de ne pas pleurer si papa et maman divorcent, et d'aller voir la police si jamais le vieux monsieur du dépanneur touche certaines parties de leur corps... Elle s'est tellement fait dire qu'elle endormait les gens, la pauvre, qu'elle ne nous laisse même plus rêver. Elle s'est transformée en médecin, en avocat et en travailleur social.

En août 1992, pendant la campagne électorale américaine, le réseau MTV a demandé à ses auditeurs de faire part de leurs intentions de vote. En deux heures, plus de 100 000 téléspectateurs ont téléphoné ! Au lendemain de la télédiffusion d'un reportage sur Bill Clinton, des dizaines de milliers de jeunes Américains ont contacté le bureau central du Parti démocrate pour se porter volontaires. Et plus de 12 % des Américains âgés de 18 à

29 ans ont affirmé que les reportages diffusés sur les ondes du réseau MTV avaient directement influencé leur vote[12].

C'est ça, rendre les gens passifs ?

Au mois d'août 1993, les différentes stations de télé du Québec annoncèrent qu'un homme accusé de viol avait été libéré parce que sa victime avait refusé de témoigner devant public. Quelques jours plus tard, l'indignation des citoyens était telle que le ministre québécois de la Justice, Gil Rémillard, décida de renverser le jugement de la cour et d'incarcérer le présumé violeur.

C'est ça, affaiblir la vigilance de la « populace » ?

« La télé calme les anxiétés et procure une sensation d'apaisement », affirme le plus sérieusement du monde Michel Lemieux. « Elle démobilise les esprits et les bourre d'insipidités[13] ». On se demande quelles émissions l'auteur regarde pour écrire de telles âneries. Probablement des documentaires sur le tricot...

4) La télévision nous empêche de penser

Selon Jacques Piveteau, « la télé nous gave d'idées inutiles. Le meilleur moyen d'empêcher les gens de penser est d'occuper constamment leur esprit. Cela a longtemps été la légitimation du travail. L'esprit occupé à broyer de soi-disant nouveautés, à ruminer des faits, des rumeurs, des hypothèses suggérées de l'extérieur n'a plus le loisir de se distancier et de vraiment réfléchir[14]. »

Un jour, la télé est bête et stupide. Le lendemain, elle nous noie sous un flot d'informations et occupe trop notre esprit. Faudrait choisir ! Elle nous informe trop ou pas assez ?

« La télé rumine trop de faits .» Venant d'un intellectuel, cette phrase fait sur-sauter. Quoi, l'excès d'information serait-il néfaste ? Saurions-nous trop de choses sur un trop grand nombre de sujets ? Vaudrait-il mieux que l'on reste dans l'ignorance ?

Et d'abord, qu'est-ce que la surinfor-mation ? Passé quel seuil un peuple est-il trop informé ? Comment calcule-t-on le taux d'information tolérable ? Combien de journaux faut-il lire dans une journée pour être « suffisamment » informé : deux, trois, quatre ?

J'ai lu le bouquin de Piveteau. J'ai par-couru ses notes en bas de pages, ses réfé-rences multiples, ses citations nombreuses et sa bibliographie volumineuse. Or, jamais, au cours de ma lecture, je ne me suis dit : « Ce livre contient trop d'informa-tions ». « Ce livre tire de mauvaises conclu-sions », oui. « Ce livre omet de mentionner quelques faits importants », certes. Mais jamais : « Ce livre est trop documenté. » L'idée ne me serait jamais passée par la tête.

Les intellectuels qui dénoncent la sur-information me donnent des frissons. Lorsque je les entends, je vois toujours les mêmes images : des bonshommes avec des ciseaux qui découpent les journaux ; des madames avec des crayons feutre qui « corrigent » les éditoriaux avant qu'ils ne soient envoyés à l'imprimerie ; des fonctionnaires zélés qui remontent les films et raccourcissent les bulletins de nouvelles, afin de ne pas « surinformer » le public, de ne pas le bombarder de détails « superfétatoires », « superflus ».

Toujours cet égocentrisme crypto-fasciste propre aux intellectuels : « Cette information est superflue car elle ne m'intéresse pas... »

Faudrait-il créer un ministère de l'Information qui fasse le ménage dans les salles de rédaction ? Si oui, qui nommerait-on à sa tête ? Le directeur du *Monde diplomatique*, j'imagine ?

Comme l'écrivait Georges Friedmann dans *Le Monde* du 23 juillet 1976 :

> Les citoyens d'une authentique démocratie ont le droit de recevoir et de consommer comme biens culturels ce qu'ils « demandent », et sous aucun prétexte, même « humaniste », ne doivent pas être contraints d'absorber ce qu'on leur impose.

La question de surinformation est absurde, c'est une non-question. Ce n'est pas parce que le frigo est plein que je dois nécessairement bouffer tout ce qu'il contient. De même, ce n'est pas parce que CNN diffuse des informations vingt-quatre heures sur vingt-quatre que je dois m'asseoir devant la télé et regarder tout ce qu'on y diffuse. Lorsque je juge que je suis suffisamment informé sur un sujet, je ferme la télé, je range mes journaux et je passe à autre chose. Je suis assez grand pour savoir quand tirer la plogue. Je n'ai pas besoin d'un fonctionnaire grisonnant ou d'un intellectuel frileux pour m'arracher la télécommande des mains et me mettre au lit.

Il y en a pour tous les goûts, à la télé. Il y a des chaînes d'information qui diffusent jour et nuit ; des bulletins de nouvelles qui effectuent un bref survol des principaux événements de la journée ; des magazines de potinage artistique ; des reportages de fond ; des forums publics ; des émissions d'analyse politique ; des entrevues en tête-à-tête et des débats. Nous nageons dans cet océan d'information de différentes façons : parfois en flottant sur le dos, d'autres fois en plongeant tête première dans la vague. Bref, nous avons le choix.

C'est ce qui fait la force et la beauté de notre système.

La « surinformation », c'est comme l'alcoolisme. Ce n'est pas le nombre de bouteilles offertes sur le marché qui cause problème ; ce sont les habitudes de consommation de certaines personnes. Si vous buvez 20 bouteilles par jour, vous risquez d'être malade. Sinon, bonne soirée et à la bonne vôtre.

La télé est un bazar à ciel ouvert, un marché aux puces, un cirque à trois pistes.

Les analystes politiques de Harvard et de l'Université de Montréal y côtoient les dompteurs d'éléphants et les vendeurs de potion magique. On y retrouve autant des docteurs en sociologie que des profs de tricot, des adeptes de Raël et des champions de bowling. Un canal communautaire québécois diffuse même un talk-show animé par un lutteur masqué ! Bâtard ? Sans aucun doute. Mais cette diversité n'est pas le propre de la télévision. Visitez votre librairie préféreé : vous y trouverez des livres sur le traitement des hémorroïdes, l'interprétation des cristaux, l'art de faire cuire la courgette, la vie sexuelle du petit-fils de l'archiduc de Galles et la philosophie antisémite d'Adolf Hitler.

Certains livres nous plaisent, d'autres nous rebutent. Les uns nous transmettent des informations qui nous paraissent utiles, les autres lancent des affirmations que nous trouvons gratuites et superflues. Mais chaque livre a sa place. Si personne ne s'intéressait à la vie sexuelle de Michael Jackson, aucun éditeur ne s'attaquerait au sujet. Même chose pour la télé. Les émissions de santé ou de jardinage énervent peut-être les fans d'*Apostrophes*, mais elles rejoignent de nombreux autres téléspectateurs qui ne les manqueraient pas pour tout l'or du monde. Qui peut juger de la pertinence de telle ou telle information, de telle ou telle émission ? Ni vous ni moi. Une information qui semble superflue aujourd'hui peut très bien s'avérer importante demain soir. Tout dépend du contexte. Si nos quotidiens ne s'intéressaient qu'aux nouvelles jugées « essentielles », la moitié des imprimeries fermeraient leurs portes.

Ludwig Josef Wittgenstein était un philosophe brillant. Son magnum opus, *Tractatus logico-philosophicus* (un essai d'une complexité désarmante), a bouleversé le monde des idées. Mais outre la phénoménologie, Wittgenstein avait aussi une autre passion : il était un fan avoué de Carmen Miranda, une comédienne hyper kitsch qui chantait des balades sud-américaines et portait des chapeaux grotesques, en forme de salade de fruits. Je suis sûr que si *Entertainment Tonight* avait existé dans les années 40, ce bon vieux Ludwig aurait regardé CTV tous les soirs de la semaine, afin de savoir ce qui arrivait à sa jolie Carmen. Cette dose quotidienne de rumeurs et de potins aurait-elle affaibli ses facultés intellectuelles ? Ce « déluge d'informations inutiles » (les émois émotifs de la chanteuse, la façon dont elle choisissait ses chapeaux) l'aurait-il empêché de penser, de réfléchir ? Bien sûr que non.

Un peu de divertissement n'a jamais fait de mal à personne. N'en déplaise à Jacques Piveteau, les hommes de bonne volonté ne se nourrissent pas seulement d'amour et de grande culture ; ils mangent aussi des chips, des pinottes et du Jell-O trois couleurs.

À entendre certains intellectuels, l'homme ne peut réfléchir que dans le silence et le recueillement, loin du tumulte et du vacarme. Ils oublient que Sartre a écrit ses plus grands livres dans les cafés, au milieu d'un brouhaha indescriptible. Le bavardage des gens et le bruit de la vaisselle ne le distrayaient pas, au contraire : ils le stimulaient, l'inspiraient et le forçaient à se projeter « hors de lui-même ».

Les grandes idées ne se développent pas sous verre : elles s'abreuvent à même le monde. Or, notre monde, aujourd'hui, est gourmand, baroque, orgiaque. Il s'empiffre, s'esclaffe et baise à en perdre haleine. Nous ne vivons plus à l'heure de Bresson ou de Bergman, mais à celle de Fellini et de Peter Greenaway. La ligne droite a été remplacée par la courbe, et le sens pousse dans les endroits les plus incongrus. Dans ce contexte, la surinformation n'est plus une tare, mais un mode de vie ; plus un péché, mais une vertu ; plus un manque, mais une philosophie. La vie se déroule sur 40 canaux à la fois, elle appartient à ceux qui zappent, ceux qui pitonnent, ceux qui ont six yeux et trois oreilles.

Ceux qui mangent à tous les plats et qui en redemandent encore, une fois le café servi.

« Je ne prie que les dieux qui savent danser », disait Nietzsche. « Je ne fais confiance qu'aux intellectuels qui peuvent marcher et mâcher de la gomme en même temps », ajouterais-je.

Et Piveteau n'est certainement pas de ceux-là.

5) La télévision nous fait perdre la mémoire

C'est sans aucun doute l'argument anti-télé le plus stupide, le plus mensonger et le plus éculé de tous. Il suffit de feuilleter n'importe quel guide télé pour s'en rendre compte. Voici, pigées au hasard, quelques émissions qu'ont diffusées les principales stations de télé canadiennes et américaines dans la semaine du 4 au 10 septembre 1993 :

Les Garçons de Saint-Vincent (Radio-Canada), une mini-série sur le scandale qui a impliqué, voilà plusieurs années, des frères des Écoles chrétiennes ;

Le Journal de l'Histoire (TVA), une émission qui nous rappelle différents événements historiques, dont l'arrivée de Grace Kelly à Monaco, le retour de Charles de Gaulle à Paris, l'annexion de l'Autriche par Hitler et l'explosion du Hiddenburg ;

The American Experience (PBS), qui nous racontait, à l'aide de films d'archives, l'histoire du syndicat des travailleurs unis de l'automobile, de 1946 à 1970 ;

Envoyé Spécial (TV5), qui traitait des origines du conflit entre Juifs et Arabes ;

Les Femmes de Dieu (Radio-Canada), une mini-série sur la vie des religieuses australiennes en 1962 ;

White House Lectures (PBS), un documentaire sur Theodor Roosevelt ;

20/20 (ABC), une émission d'information qui nous présentait un reportage sur le traitement des prisonniers américains durant la guerre du Viêt-nam ;

En toute liberté (Radio-Canada), un magazine qui retraçait les grands moments de la vie et de la carrière du célèbre photographe français Robert Doisneau ;

The Making of a Legend (PBS), un documentaire sur le tournage du film *Autant en emporte le vent*;

Points de vue (Radio-Québec), qui nous présentait un reportage de fond sur la crise en ex-Yougoslavie ;

Ce diable d'homme (TV5), une mini-série sur la vie de Voltaire ;

Played in the USA (PBS), un portrait du jazzman Charles Mingus.

Sans oublier les classiques du cinéma, les reprises d'émissions populaires, les magazines d'information (il y en a de plus en plus), les rétrospectives des principaux événements de la semaine, les biographies (romancées ou non) et les films à connotation historique. Pendant cette même période, *Arts and Entertainment*, une chaîne payante qui diffuse au Québec, présentait des documentaires sur Jimmy Hoffa, l'âge d'or du baseball, les débuts de l'aviation, la vie de Joseph Gœbbels, l'histoire de la mafia, la légende de Jack l'éventreur, la vie de Bonnie et Clyde, la carrière d'Elizabeth Taylor, la Guerre civile américaine, la Prohibition, la vie de Babe Ruth, la conquête de l'Ouest, le massacre des Amérindiens, la colonisation des Indes par l'Angleterre et les grands moments de l'espionnage international.

Pas de mémoire, vous dites ?

Depuis quelques années, la télé québécoise produit des tonnes d'émissions destinées à faire revivre « le bon vieux temps des cabanes en bois rond, des tripots d'alcool et des défilés de la Fête-Dieu » : *Les Filles de Caleb*, *Duplessis*, *Laurier*, *L'Héritage*, *La Montagne du Hollandais*, *Le Temps d'une paix*, *Entre chien et loup*, *Cormoran*, *Les Olden*, *Les Plouffe*, *Maria Chapdelaine*, *Blanche*, *Bonheur d'occasion*, *Les Tisserands du pouvoir*, *Montréal ville ouverte*, *Montréal PQ*, *Le Frère André*, *Au nom du père et du fils*... N'importe quel immigrant vietnamien qui débarque à Montréal et qui allume son téléviseur sait que les premiers Québécois avaient beaucoup d'enfants, qu'ils travaillaient fort dans les champs, qu'ils se faisaient exploiter par les maudits Anglais, qu'ils étaient maintenus dans l'ignorance par le clergé et qu'ils dansaient la gigue dans les réunions de famille. Nos télédiffuseurs viennent même de produire une mini-série sur Pierre Elliot Trudeau et une autre sur René Lévesque. Que demander de plus ?

Parcourez vos quotidiens et vos magazines préférés. Où sont les dossiers historiques ? Nulle part... ou presque. Les journaux ne s'intéressent qu'à la nouvelle, aux têtes d'affiche de l'heure et à l'actualité immédiate. Ils rapportent les plus récents propos de Yasser Arrafat ou d'Itzhak Rabin, mais publient rarement des dossiers de fond qui traitent de la question palestinienne dans son ensemble et des origines du conflit israélo-arabe. Pour ça, vous devez vous en remettre à la télévision — qui, quoi qu'en disent les ennemis du petit écran, diffuse beaucoup de reportages de fond, que ce soit dans le cadre du *Point*, d'*Envoyé Spécial*, de *Téléobjectif*, de *Sixty Minutes*, du *MacNeil/Lehrer News Hour*, de *Points de vue*, d'*Investigative Report*, de *Witness* ou de *Frontline*, pour ne nommer que ces neuf émissions d'information.

La télé ne franchit pas seulement l'espace ; elle franchit aussi le temps. Alors qu'auparavant les jeunes de 12 ans étaient prisonniers de leur époque, ils peuvent maintenant se projeter dans les années 60 et regarder un épisode de *Star Trek*, de *Twilight Zone* ou du *Ed Sullivan Show*. Grâce aux nombreuses séries documentaires et émissions d'information régulièrement diffusées sur les ondes, ils peuvent également voir et entendre John F. Kennedy, Charles Lindbergh ou René Lévesque. Contrairement à ce qu'affirment de trop nombreux intellectuels, la télé ne divise pas les gens : elle diminue l'écart qui sépare les peuples et les générations. Tout le monde connaît le dalaï-lama et tout le monde connaît Woodstock. La télé est un vaisseau spatial qui se promène partout, une fusée qui flotte dans un no man's land spatio-temporel. Les enfants du petit écran ressemblent au fœtus de *2001 : l'odyssée de l'espace* : ils vivent dans une sorte de bulle informationnelle, ils peuvent regarder des documentaires sur le Yémen et des reprises du *Nat King Cole Show*. Ils dansent sur la musique des années 50, s'habillent comme les hippies des années 60, zappent à travers les années 70... Ils sont les héritiers d'Elvis, de Sid Vicious, de Frank Sinatra, de James Dean et de Bob Dylan. Comme Madonna, ils multiplient les clins d'œil et les références : Dietrich, Marilyn, Garbo, disco, punk, swing, robe du soir, costume bavarois, patchouli, Chanel numéro 5 — un véritable bric-à-brac historico-culturel. Ils sont ici et ailleurs, back to the future et fast forward. Ils regardent *Metropolis* de Fritz Lang sur une musique électronique de Giorgio Moroder, et rigolent avec Rock et Belles Oreilles des vieilles séries des années 60.

Bref, ils sont hybrides.

Aucun artiste ne comprend mieux la génération cathodique que David Lynch. Les héros de ses films et de ses séries télévisées habitent des univers flous, ambigus, sans cadre ni limites fixes. Les adolescents de *Twin Peaks* écoutent de la musique post-punk mais s'habillent comme en 1955, ils fréquentent un vieux ranch western mais parlent un langage contemporain. À quelle époque appartiennent-ils ? À aucune, ou plutôt : à toutes. Ils sont de leur temps, c'est-à-dire de tous les temps. L'Histoire, pour eux, est une cafétéria. Vous entrez et prenez les plats qui vous intéressent. Comme les anges qui peuplent les films de Wenders, ils flottent au-dessus des hommes et habitent un espace abstrait, remodelé. Ce sont des mutants, des space-cadets, des androïdes perdus dans l'espace. Des créatures multi-média, transdiciplinaires, post-modernes et immatérielles.

On parle toujours de rupture et d'amnésie lorsqu'on traite de la télévision. On devrait plutôt parler de continuité et de mémoire. Dans *Sans soleil*, un documentaire poétique qui explore justement les effets de l'image électronique sur notre perception du temps et de l'espace, Chris Marker nous raconte l'histoire d'un homme qui a perdu la faculté d'oublier. Il se souvient de tout, de son enfance et de son adolescence, des endroits qu'il a visités et des gens qu'il a rencontrés. Comment ne pas nous reconnaître dans ce personnage ? Déjà, la majorité des hôpitaux possèdent des appareils qui permettent aux femmes enceintes d'enregistrer sur cassette vidéo les mouvements de leur futur bébé ; et certains cimetières diffusent en circuit fermé des images de nos chers disparus du temps qu'ils étaient bien en vie. Dans quelques années, les hommes et les femmes pourront regarder défiler les plus grands moments de leur vie sur leur téléviseur stéréo : leur naissance, leurs premiers pas, leur premier sourire, leur remise de diplômes... Ils ressembleront au héros de *Sans soleil*. Ils ne seront pas dépourvus de souvenirs, comme l'affirment Piveteau et ses amis, mais posséderont une mémoire phénoménale, qui leur permettra de revenir en arrière quand il leur plaira et de partager leur passé avec leur propre progéniture.

Aux États-Unis, plusieurs stations se spécialisent dans la diffusion de vieilles émissions de télé. Certaines diffusent des documentaires historiques vingt-quatre heures sur vingt-quatre, sept jours par semaine ; d'autres, des sitcoms des années 60 ; d'autres encore, des films des années 30 et 40. Bientôt, à l'aide de notre téléphone, nous pourrons commander de vieux documentaires de l'ONF, des classiques de Universal Pictures, des concerts de Leonard Bernstein et des émissions choisies à même le catalogue de nos principaux télédiffuseurs.

Ce jour-là, plus que jamais, le passé fera partie intégrante du présent ; il nous nourrira, nous inspirera, pénétrera notre quotidien et imprégnera nos pensées. Libérés des vieux modes de socialisation fondés sur la race, le territoire et le sang, capables de voyager dans le temps grâce à un immense système d'archivage audiovisuel qui les arrachera à leur époque, nos enfants pourront inventer une forme inédite de sociabilité, qui transcendera le temps et l'espace, rapprochera les peuples, jettera un pont entre les générations.

Et renforcera la démocratie.

Un réflexe
de clan

La télé divise les individus, centralise
l'information, endort les esprits, nous gave
d'idées inutiles et efface notre mémoire.
Cinq affirmations, cinq faussetés — ou,
plutôt, cinq exemples flagrants de la mauvaise foi des intellectuels lorsque vient le
temps de parler de la télévision. Les ennemis du petit écran se comportent comme
les artisans et les agriculteurs au début de
la révolution industrielle : ils font semblant
de s'inquiéter de l'avenir de la civilisation
lorsqu'en fait, tout ce qui les intéresse,
c'est de protéger leurs intérêts personnels.

Ils ont peur de la télévision parce qu'ils
ne maîtrisent pas son langage et que sa
logique leur échappe. Ils la craignent parce
qu'ils croient qu'elle menace directement
leurs bouquins et leurs crayons. Ils la

maudissent parce qu'elle bouge alors qu'eux restent immobiles. Ils la détestent parce qu'ils pensent qu'elle est en train de scier la branche sur laquelle ils sont confortablement assis.

Alors ils sortent leurs griffes et brandissent leurs plus beaux mensonges, leurs plus gros clichés... Ils montent sur leurs grands chevaux et en appellent au peuple, à la démocratie, à la culture.

Mais ne nous laissons pas berner par ce vernis pseudo-humaniste. Ce n'est pas le pouvoir du peuple que défend cette poignée d'intellectuels rétrogrades ; c'est leur propre pouvoir, leur propre « monarchie ». Ils protègent leur territoire contre une éventuelle invasion de la télévision.

Comme plusieurs d'entre eux manient la plume, ils tentent de nous faire croire que seuls les scribes peuvent défendre efficacement la démocratie.

Comme ils tiennent mordicus à leur statut de spécialiste, ils affirment que la communication de masse déforme la vérité.

Comme ils ne connaissent rien à la culture populaire et qu'ils détestent souverainement la musique rock, ils disent que les clips et les émissions de divertissement abrutissent les jeunes.

Et comme ils adorent faire école et diriger les foules, ils condamnent « l'individualisme » propre à la génération de l'image.

Bref, ces intellectuels prêchent pour

leur paroisse. Ils s'inventent un ennemi omnipotent et hyper dangereux pour mieux se rendre indispensables.

Ils ressemblent à de vieux prêtres gâteux. Du haut de leur chaire, ils se penchent vers le bon peuple et lui disent : « Vous ne savez pas où vous allez. Nous seuls possédons la vérité, nous seuls connaissons le chemin qui mène à la lumière. Laissez tomber vos divertissements impies, et suivez-nous. Nous sommes peut-être moins nombreux que vous et menons peut-être une vie moins trépidante, mais nous savons davantage de choses et nous voyons plus clair. Du haut de notre savoir et de notre érudition, nous vous guiderons vers un avenir meilleur. Résistez à la tentation et faites-nous confiance ; nous savons mieux que vous tous ce qui est bon pour vous... »

« Nous sommes garants de la démocratie. »

La prochaine révolution

Quelques jours avant que je dépose mon manuscrit chez mon éditeur, j'ai participé à l'enregistrement d'une émission d'affaires publiques (*L'Événement du samedi*, conçue et animée par Stéphan Bureau). Sujet de l'émission : le protectionnisme culturel. Participaient également à cette émission un représentant de l'ADISQ, un animateur de talk-show très connu et le rédacteur en chef d'un magazine influent. Une fois l'enregistrement terminé, Bureau annonça à ses invités qu'il préparait un spécial sur le *rave,* phénomène socio-culturel de première importance en Angleterre, en France et partout en Amérique du Nord depuis au moins cinq ans. Surprise du rédacteur en chef : il ne connaissait pas le phénomène.

Il n'avait même jamais entendu le mot « rave » !

L'anecdote est banale, mais représentative de l'état d'esprit qui règne chez la plupart des intellectuels québécois. Le *rave* (et ses nombreux dérivés, dont le *cyberpunk* et les *smart drugs)* a fait l'objet d'analyses sérieuses dans la plupart des publications occidentales, que ce soit le *Time*, le *Newsweek*, *Le Nouvel Observateur*, le *Guardian* ou le *New York Times*. Les rédacteurs en chef de ces publications connaissent tous ce phénomène. Mais ici, rien. Le rédacteur en chef du plus important magazine d'information au Québec ne connaissait même pas le terme. Pour lui, le *rave* aurait pu être un légume, une drogue, un bolide sophistiqué fonctionnant à l'électricité.

La réaction de cet homme n'est pas unique : la majorité des intellectuels québécois sont complètement débranchés de la culture populaire. Ils vivent en vase clos, ignorants des nouveaux courants de pensée qui, loin des bibliothèques et de la colline parlementaire, sont en train de façonner le Québec de demain. Ils lisent la réalité d'aujourd'hui avec des lunettes achetées en 1967.

Même indifférence en ce qui concerne le petit écran. Pour la plupart de nos clercs, la télévision n'est qu'une boîte à divertissement, sans plus. Mis à part les nombreuses émissions d'informations, elle ne diffuse rien de bon. MusiquePlus est une gardienne d'ados boutonneux, et Radio-Québec, une entreprise de services.

On n'a qu'à feuilleter nos principaux quotidiens, mensuels et revues spécialisées pour se rendre compte à quel point le Québec ne comprend rien à la culture de l'image. Pire : cette culture ne nous intéresse même pas ! Alors que les journaux américains et européens débordent d'analyses pertinentes et intelligentes sur le monde des médias, nous nous contentons de deux ou trois critiques sur *Les Filles de Caleb* ou d'une entrevue avec Marcel Béliveau. Comme si la télé était une machine à vedettes, point. Une petite boîte en plastique qui nous permet de regarder des films, les soirs de pluie.

Or, la télévision est beaucoup plus que ça. C'est un langage, une arme politique, un outil de conscientisation, un révélateur social, un catalyseur politique. Comme la musique rock, la télé est un médium païen, dionysiaque et polythéiste, une force vive qui se jette dans le monde tête baissée. La culture télévisuelle est une culture vivante, branchée sur le présent ; une culture qui nous permet de traverser l'espace-temps, d'entrer en contact avec les autres et de plonger au cœur même de notre société. Ignorer la télé, c'est ignorer ce qui se passe ici, maintenant. C'est vivre hors jeu, hors champ. Hors cadre.

N'en déplaise aux nostalgiques de la lampe à l'huile, la télévision est là pour rester. Mieux, elle va devenir de plus en

plus importante, investir des champs iné-
dits et étendre sa zone d'influence à un
rythme fou. Face à cette réalité incontournable, deux choix s'offrent aux
intellectuels : ou ils l'ignorent, et continuent de se marginaliser ; ou ils s'y intéressent, et trouvent — enfin — second
souffle.

La télé n'est pas parfaite. Les télédiffuseurs sous-estiment trop souvent le
public, les directeurs de programmes ont
tendance à se rabattre sur des recettes
éprouvées et des entreprises aussi grosses
que Radio-Canada bougent un peu trop
lentement. Mais ces malaises ne sont ni
incurables, ni funestes. Ce n'est pas parce
que la télé est capable du pire qu'elle est
incapable du meilleur.

Le problème, c'est que pour vraiment
changer la télé, il faut la regarder en face.
Or, nos intellectuels ont la tête enfoncée
dans le sable jusqu'au torse. Leur discours
(sur la télé, mais aussi sur une foule
d'autres sujets) est un ramassis de lieux
communs, de clichés étriqués et de
phrases creuses.

Il y a 15 ans commençait la révolution
de l'image.

Qu'attend la pensée pour lui emboîter
le pas ?

Notes

La marche des aveugles
1. Jacques Piveteau, *L'Extase de la télévision*, p. 228-229.
2. Kendric C. Smith, *The Science of Photobiology*, p. 45-48, cité dans *Four Arguments for the Elimination of Television* de Jerry Mander, p. 188.
3. Jean Larose, *La Petite Noirceur*, p. 86.
4. René Girard, *Des choses cachées depuis la fondation du monde*, p. 39-55.

Technophobie
1. Maurine Doerken, *Class-room Combat : Teaching and Television*, p. 23, cité dans *L'Extase de la télévision*, *op. cit.*, p. 58.
2. Ces manchettes sont tirées de *Laissez-les regarder la télé*, de François Mariet, p. 153.
3. Michel Lemieux, *L'Affreuse Télévision*, p. 187.

Le tribunal de la Haute Culture
1. *Étude sur la production documentaire indépendante de langue française au Québec 1978-1987*, p. 69, cité dans *La population face aux médias*, de Lina Trudel, p. 55.
2. Lina Trudel, *La Population face aux médias*, *op. cit.*, p. 54.
3. Sir Sidney Lee, *Shakespeare's England : An*

Account of the Life and Manners of His Age, p. 429, cité dans *La Télévision et la Culture : à la recherche d'une identité nationale*, une étude de Terrence J. Thomas, p. 10.

La culture des patates
1. Les données concernant l'émission *Apostrophes* sont tirées du livre *L'Effet Pivot* d'Édouard Brasey, p.280-288.

Téléphobes, encore un effort !
1. Michel Lemieux, *op. cit.*, p. 73.
2. Cité dans *La Dernière Génération de l'écrit*, de René Duboux, p. 79.
3. *L'Affreuse Télévision*, op. cit., p. 55.
4. Extrait de l'émission *Man Alive*, diffusée sur les ondes de CBC, **(hiver 1992)**
5. Joseph Melançon, Clément Moisan et *al.*, *La Littérature au cégep (1968-1978) : le statut de la littérature dans l'enseignement collégial*, p. 256-258.

Fille de pub
1. Jacques Godbout, *Le Murmure marchand*, p. 13.
2. *Idem*, p. 54.
3. *Idem*, p. 36.
4. *Idem*, p. 132.

Des études sans bon sang
1. Cité dans *Le Soleil*, 27 mars 1993.
2. Mireille Chalvon et *al.*, *L'enfant devant la télévision des années 90*, p. 141.
3. Les exemples d'études pseudo-scientifiques, mentionnés dans ce chapitre sont tirés du livre *Laissez les enfants regarder la télé*, *op. cit.*, p. 177-183, et de *Honey, I Warped the Kids*, un texte paru dans l'édition de juillet-août 1993 du magazine américain *Mother Jones*, p. 18-19.
4. Ces faits divers sanglants proviennent du texte *Honey, I Warped the Kids*, *op. cit.*, p. 19-20.

5. Ces données sur l'enfance malheureuse des serial killers proviennent de *Serial Murder and Sexual Repression*, un texte paru dans l'édition d' août 1993 du magazine *Playboy*, p. 147-150.
6. Dans le *Voir* du 11 au 18 juin 1992.

Démocratie ou idiocratie ?
1. Neil Postman, *Amusing Ourselves to Death : Public Discourse in the Age of Show Business*, p. 44.
2. Bernard-Henri Lévy, « Comme une fille enlève sa robe » dans *Questions de principe deux*, p. 296-297.
3. Georges Balandier, *Le Pouvoir sur scènes*, p. 165-166.
4. *Jacques Piveteau, op. cit.*, p. 226-228.
5. Bernard Arcand, *Le Jaguar et le Tamanoir : vers le degré zéro de la pornographie*, p. 230-231.
6. Elayne Rapping, *The Looking Glass World of Nonfiction TV*, p. 136-137.
7. Bernard-Henri Lévy, « Recherche métaphysiciens désespérément » dans *Questions de principe trois : la suite dans les idées*, p. 454-455.
8. Les exemples fournis sont tirés du livre *Channels of Resistance : Global Television and Local Empowerment*, sous la direction de Tony Dowmunt, p. 1-15.
9. Alfredo G. A. Valladao, *Le XXIe siècle sera américain*, p. 87.
10. Alvin Toffler, *Les Nouveaux Pouvoirs*, p. 405-406.
11. Ces données sont tirées de *The Looking Glass World of Nonfiction TV, op. cit.*, p. 155.
12. Ces données sont tirées du texte *Mock the Vote*, paru dans l'édition de mai 1993 du *Washington Monthly*, p. 30-35.
13. *L'Affreuse Télévision, op. cit.*, p. 68.
14. *L'Extase de la télévision, op. cit.*, p. 228.

Bibliographie

Essais

Adler, Richard P., *Understanding Television : Essays on Television as a Social and Cultural Force*, New York, Praeger, 1981, 438 p.

Arcand, Bernard, *Le Jaguar et le Tamanoir : vers le degré zéro de la pornographie*, Montréal, Boréal, 1991, 397 p.

Balandier, Georges, *Le Pouvoir sur scènes*, Paris, Éditions Balland, 1992, 172 p.

Brasey, Édouard, *L'Effet Pivot*, Paris, Éditions Ramsay, 1987, 370 p.

Capin, Jean, *L'Effet télévision*, Paris, Grasset, 1980, 284 p.

Chalvon, Mireille *et al.*, *L'enfant devant la télévision des années 90*, Paris, Casterman, 1991, 178 p.

Charon, Jean-Marie *et al.*, *L'État des médias*, Paris, Boréal/La DécouverteMédiaspouvoirs/CFPJ, 1991, 461 p.

Dagognet, Germain, *Le spectateur n'est pas un légume : les nouveaux cathodiques*, Paris, Générique, 1991, 182 p.

Dowmunt, Tony, *Channels of Resistance : Global Television and Local Empowerment*, Londres, BFI Publishing, 1993, 194 p.

Duboux, René, *La Dernière Génération de l'écrit*, Paris, Favre, 1989, 131 p.

Girard, René, *Des choses cachées depuis la fondation du monde*, Paris, Grasset, 1978, 485 p.

Godbout, Jacques, *Le Murmure marchand*, Montréal, Boréal, 1989, 152 p.

Howe, Michael J. A., *Learning from Television : Psychological and Educational Research*, Londres, Academic Press, 1983, 226 p.

Larose, Jean, *La Petite Noirceur*, Montréal, Boréal, 1987, 203 p.

Lemieux, Michel, *L'Affreuse Télévision*, Montréal, Guérin, 1990, 194 p.

Lévy, Bernard-Henri, *Questions de principe deux*, Paris, Le Livre de poche, 1986, 349 p.

Lévy, Bernard-Henri Lévy, *Questions de principe trois : la suite dans les idées*, Paris, Le Livre de poche, 1990, 464 p.

Lévy, Bernard-Henri, *Les Aventures de la liberté : une histoire subjective des intellectuels*, Paris, Grasset, 1991, 494 p.

Lorimier, Jacques de, *Ils jouent au Nintendo... mais apprennent-ils quelque chose ?*, Montréal, Logiques, 1991, 154 p.

Mander, Jerry, *Four Arguments for the Elimination of Television*, New York, Quill, 1978, 371 p.

Mariet, François, *Laissez-les regarder la télé : le nouvel esprit télévisuel*, Paris, Calmann-Lévy, 1989, 232 p.

Melançon, Joseph, *et al.*, *La Littérature au cégep (1968-1978) : le statut de la littérature dans l'enseignement collégial*, Montréal, Nuit blanche Éditeur, 1993, 418 p.

Paglia, Camille, *Sexual Personae, Sex, Arts, and American Culture*, New York, Vintage Books, 1992, 337p.

Piveteau, Jacques, *L'Extase de la télévision*, Paris, Collection Voir Autrement, Insep éditions, 1984, 255 p.

Postman, Neil, *Amusing Ourselves to Death : Public Discourse in the Age of Show Business*, New York, Penguin Books, 1985, 183 p.

Rapping, Elayne, *The Looking Glass World of Nonfiction TV*, Boston, South End Press, 1987, 201 p.

Scarpetta, Guy, *L'Impureté*, Paris, Grasset, 1985, 389 p.

Thomas, Terrence J., *La Télévision et la Culture : à la recherche d'une identité nationale*, Ottawa, Bibliothèque du Parlement, 1985, 29 p.

Toffler, Alvin Toffler, *Les Nouveaux Pouvoirs*, Paris, Fayard, 1990, 658 p.

Trudel, Lina, *La population face aux médias*, Montréal, VLB Éditeur, 1992, 217 p.

Valladao, Alfredo G. A., *Le XXIe siècle sera américain*, Paris, La Découverte, 1993, 258 p.

Journaux
Le Devoir
Le Droit
Le Journal de Montréal
Le Monde diplomatique
The New York Times
La Presse
Le Soleil
Voir

Magazines
L'actualité
Harper's
Mother Jones
The New Yorker
Le Nouvel Observateur
Playboy
Washington Monthly

Table
des matières

La marche des aveugles   13
Technophobie   23
Le tribunal de la Haute Culture   35
La culture des patates   47
Téléphobes, encore un effort !   57
Fille de pub   81
Des études sans bon sang   93
Démocratie ou idiocratie ?   115
Un réflexe de clan   161
La prochaine révolution   165
Références   169
Bibliographie   173